U0939512

纸刊至电刊的中国探求

CHINA'S VIEWS:
From Print Magazines to Electronic Magazines

宋革新 著

社会科学文献出版社
SOCIAL SCIENCES ACADEMIC PRESS (CHINA)

内容摘要

为了回答中国当代期刊产业向何处去的问题，本书采用了纵向/历时、横向/共时两个分析框架，并以文化技术的演进作为贯穿、沟通两个框架的线索。

纵向/历时分析框架，由人类呈现可视世界的两格式、三阶段构成，其发展线索是人类视觉呈现技术的演进。“两格式”是纵大于横的肖像格式、横大于纵的全景格式；“三阶段”是镜子、相片、屏幕所象征的三个发展阶段。

从此框架观察，纸刊和电刊在发展阶段上得以区分：前者属近代“相片”阶段，后者属现代“屏幕”阶段。而且，电刊在屏幕上经历了如下旅程：电视屏幕上的电刊主要属 E - only 消费类；电脑屏幕上的电刊主要是专业类纸刊“翻版”；互联网屏幕上的电刊消费类、专业类兼具；移动互联网屏幕上的电刊重新以消费类为主。上述成功的电刊实践使期刊获得新定义——具有固定名称、深度内容、技术比较优势的定期传播物。

横向/共时分析框架，是由文化再生产的设计、制作、行销、消费、管制等环节构成的，其发展线索是人类复制技术的演进。

从这一框架观察，在期刊产业宏观层面，现代文化市场经历了“人工复制”与前现代供养制、“机械复制”与文化产业、“电拟复制”与地缘文化产业、“数字复制”与全球文化产业等4个发展阶段。目前文化产业传统、新兴业态呈现了不同的变迁趋向，即行业上传统业态扩向“娱乐”，新兴业态聚于“网络”；内容上传统业态主要“做”，新兴业态主要“汇”；受众上传统业态指向“情感经济”，新兴业态基于“参与文化”。从“两种机会窗口”理论看，我国文化产业“蛙跳”的机遇，在于新兴“数字复制”技术体系所供的“窗口”；从“比较优势”理论看，我国文化产业的比较优势在于人工、数字复制两阶段内容及“规模”等；从“价值链”理论看，生产性、消费性文化服务业价值链分别应水平最大化、垂直最小化。

在期刊产业的具体层面，设计在差异化，以追寻过渡时期的生存空间。制作在从大规模生产向个性化精制变迁。行销正经历着从渠道为王到中介消逝的变迁。消费在突破时空限制、融入创作生产上呈现变迁。管制在主体、模式、原则与权力上都有变迁。

在上述分析的基础上，本书梳理了中外通用的4类“路标”性案例：延伸纸刊优势品牌资源做电商，靠含品牌附加值的商品（第三次售卖）营利，如《YOHO！潮流志》等；延伸纸刊内容核心特质至多媒体，靠赞助形态的广告（第二次售卖）营利，如VICE等；规模化汇聚纸刊内容成搜索“领航者”，靠出售下载文章或数据库（第一次售卖）营利，如中国知网等；调和“付费墙”与“点击共产主义”，政府介入探索“开放获取”有效路径，如“国家哲学社会科学学术期刊数据库”。

关键词：中国期刊产业　纸刊　电刊　视觉呈现技术　复制技术　文化技术方法论　现代文化市场

Abstract

In order to answer the question that China's contemporary magazine industry go to where, this paper constructed two analytical frameworks (synchronic and diachronic), and putted the evolution of cultural technical clue as the communication between the two frameworks.

Diachronic analytical framework are consisting of the 2 formats and 3 stages of human visual world, and their clue is the evolution of the human visual – presentation technology. "2 formats" are the vertical – larger – than – horizontal portrait format, and horizontal – larger – than – vertical panoramic format; "3 stages" are the "mirror" stage, the "photo" stage and the "screen" stage.

From this observation framework, able to distinguish the development stages of print magazines and electronic magazines: the former belong to the "photo" of premodern stage, the former belong to the "screen" of modern stage. Successful practice of electronic magazines is eligible to make a new definition of magazine – the regular communication form with the fixed name, the deep content and the technology comparative advantage.

Synchronic analysis framework are consisting of the aspects of cultural reproduction, such as designing, producing, marketing, consumption and regulation, and their clue is the evolution of human duplication technology.

Observing from this framework, we can find some macroscopic phenomena of the top magazine industry. Cultural – technical methodology launched from duplication technology domains, experienced the structure deepened 3 times: From artificial duplication to mechanical duplication, electronic – analog duplication, and digital duplication. In the evolution of duplication technology field, modern cultural market experienced 4 historical stages: "artificial duplication" and pre – modern support system, "mechanical duplication" and the cultural industries, "electronic – analog duplication" and the geo – cultural industries, "digital duplication" and global culture industries. In the current stage of "digital duplication" and global culture industries, China's cultural industries achieves "leapfrog" opportunities that the "digital duplication" technology system provides a "window"; the comparative advantage lies in the contents of the 2 stages that includes "artificial duplication" and pre – modern support system, "digital duplication" and global culture industries, and the "size" and other as-

pects; the urgent measures are taken to promote the value chain " horizontal maximized" and "vertical minimized" .

In the magezine industry level, designing is differentiated; making is refined; marketing agency is in the disappearance; breaking through the constraints of time and space, consumption is going to the creation and production; regulation on the main body, the mode, the principle and the power is changing.

Based on the above analysis, this paper reviews the 4 types of cases: relying on the value of the brand added value of the goods (Third Sales) for profit, such as the YOHO! Tidal Current, etc; relying on the advertising of the sponsoring form (Second Sales) for profit, such as VICE, etc; relying on the sales of download paper and data base (First Sales) for profit, such as CNKI, etc; through reconciling "paywall" and "dot communism", the government wants to explore the effective path of "open access", such as constructing "National Social Sciences Database of Chinese Academy of Social Sciences " (CASS's NSSD) .

Keywords: China Magazine Industry; Print Magazines; Electronic Magazines; Visual – Presentation Technology; Duplication Technology; Cultural – Technical Methodology; Modern Cultural Market

序一
——问题·视野·志业

本书为了回答中国当代期刊产业向何处去的问题，采用了历时、共时两个分析框架，并把文化技术的演进作为贯穿线索，在问题选取、视野开拓、研究旨趣等方面有诸多令人欣喜之处。借着给本书作序的机会，我围绕相关问题谈三点看法。

一　以中国问题为立脚点

好的作品都是从问题出发，提出问题、分析问题、解决问题。问题意识要落实到问题设定上。提出问题是一种理论设计，问题是作者自觉设置的悬念、读者开悟的钥匙。因此，对如何提出问题、提出何种问题应有一些评价标准。问题有深有浅，有的人是从别人的问题出发，其实是从别人的理论假设出发、从条条框框出发。当前很多研究就不是以中国问题为出发点，而是从西方观点、西方的条条框框出发来展开的。这是无根的。例如，西方经济学家认为真正好的体制是自由市场体制，最糟糕的是中国的渐进式改革、双轨制；而事实证明，正是渐进式的双轨制改革成就了中国。

要建立文化发展的中国学派，要从中国问题出发，建立我们自己的理论，完全跟在别人后面不行。林毅夫、蔡昉、李周 1994 年写了一本书《中国奇迹》，预测了中国 20 年的腾飞，事实证明他们是对的，他们是杰出的经济学学者，这是我们中国自己的理论。

我们提倡做文化使者，因为我们有使命。在研究文化的时候，要以问题为立脚点。那么，什么问题是真问题呢？

以你心中的困惑为立足点，你心中的困惑就是所有人的困惑。真正杰出的研究者首先解决自己心中的困惑，只有是自己心中的困惑，你才有兴趣；只有存在困惑，你才有动力。当你把问题解决时，你就为社会做出了贡献。你心中的困惑越深，写出来，它的震撼力越大、传播力越强。

二　世界视野与“走出去”

说到话语权和话语体系的建设，关键是把自己心中的问题研究透，把一个有价值的问题搞明白，占领思想制高点，就有了话语权，才能为真正的“走出去”奠定基础。

在这方面学术视野的拓展无疑是非常重要的。1919 年底，冯友兰先生要去美国留学之前找到胡适，请教如何选择留学学校，胡适回答他如果图名就去哈佛大学，如果真想研究哲学就去哥伦比亚大学。冯先生到哥伦比亚大学之后写了一篇很长的日记，说从 1915 年之后，他才知道在八股之外才有真学问。原来他认为所有的学问都在八股中，后来新文化运动使他明白学问不在八股里，由此他发现了一个新的天地。到美国之后，他发现在这个天地之外，有一个更大的天地。这两个天地是有差别的，这是两种文化。

这两种文化能否相处？如何相处？未来的中国文化向何处去？他是带着这些问题去美国的，而赴美留学带来的学术视野的拓展，无疑为他从哲学史角度解决这些问题提供了新的契机。冯先生 1982 年去哥伦比亚大学接受校方授予他的荣誉博士学位时，在相关讲话中再次谈到，如何认识和理解中美文化关系是他一生的事业。在这两种文化中，中国怎么走，个人如何自处，这两个问题决定了他从西方哲学回到中国哲学。冯先生学的是西方哲学，后来他转向中国哲学研究。他的墓碑上写的是，“三史释今古，六书纪贞元”。他说，我的著作是我一生的足迹，你想了解我必须知道我为什么这么走。他就是要为中华民族找到从旧的传统走向现代与未来的道路，他通过哲学方式，从文化上思考中华崛起的问题。文化的问题是价值体系的问题，价值体系的问题就是历史发展道路的问题，作为文人，他只能从哲学角度思考。表面上看，冯先生大的成就是境界说，其实他真正的贡献是“别共殊”，讲文化的共相和殊相，这表达了中国文化发展道路的理念，而没有世界性的宽广学术视野，相关理念是难以建构起来的。

“走出去”现在是一个热门话题。我认为，现在的学者应向冯先生学习，像他那样找准并抓住文化领域的某个问题，把这个问题作为自己的领域不懈地研究下去；如果你能做到这一点，你就有资格和机会代表民族发言，真正“走出去”，为人类文化进步做出贡献。冯先生有多部中国哲学史著作，由美国人翻译成英文，这才是真正代表中国发言，真正的“走出去”。

真正的“走出去”是人家邀请你去，是你有成就，不是空投过去，所以最根本的还是在于我们的学术成果、学术优势以及学术独立性。陈寅恪什么学位都没要，他认为佛教对中国产生的影响是至关重要的。想要研究佛教就必须掌握它的语言，所以他学了方方面面的语言，他写出的隋唐政治制度史，在国际上产生了很大影响，他被国外称为伟大的史学家，这才是真正的“走出去”。费孝通，国外称他为中国的最后一位绅士。他的《乡土中国》是关于人类学、民族学、文化学的著作。他搞了一辈子社会学，到晚年回归到文化问题，思考中国问题。他说要真正强盛起来必须自己走出一条道路，这条道路别人是指引不了的，需要我们自己找出来。他思考的结果是16字箴言：“各美其美，美人之美，美美与共，天下大同”。这既是中国文化发展的必经之路，也是世界所有民族文化发展的必经之路。我认为这种思想就是真正“走出去”了。

三　把文化研究作为志业

过去人们谈“三不朽”，“立德、立功、立言”，我认为立言是真正的不朽。毛主席带领人民打天下创立了新中国，他去世后不能再立功，但是他的“雄文四卷”留了下来，像孔子的《论语》、老子的《道德经》传之百代而不衰，这才是不朽的事业。

立德很重要，因为它是立功、立言的前提和基础。曹禺临终时给女儿万方留下三句话：要有一个伟大的灵魂，卑鄙的灵魂写不出伟大的作品；要有一颗童心，童心是学术研究和文化创作不竭的动力；要有一种超然独醒的人生态度。这就是讲，要看破红尘，文化领域不是发财的行业。为了说明超然独醒的人生态度，曹禺专门把李叔同的诗抄给女儿：“水月不真，惟有虚影，人亦如是，终莫之领。为之驱驱，背此真净，若能悟之，超然独醒。”一个人要成就一番事业，必须有这种胸怀。

每一种工作，都有它的形上层面，有超越世俗的宗教意义；任何学科都是具体的，为之奋斗是因为它有形上层面。所以任何工作，任何事做到极致都可以成佛，成为人们的楷模。从事文化研究没有使命感和有使命感有天壤之别，从事其他工作也许可以没有使命感，但是文化行业不行。文化的根本使命是张载所说的“为天地立心，为生民立命，为往圣继绝学，为万世开太平”。这是文化学者的使命，这是文化使者的理想。对于这种理想，要秉承“虽不能至，心向往之”的信念和意志。

李景源

中国社会科学院学部委员、研究员

序二
——全球文化市场的“中国主场效应”何以可能？

今后10年，中国的文化发展在国内外具有重大市场机遇，将在全球文化市场中产生“中国主场效应”。如何抓住机会，发展文化产业，提升文化影响力是需要思考的重大课题。本书论及的期刊产业，是文化产业的一个重要基础部类，所以其内容应该算是直面该“重大课题”的研究成果。而借着给本书作序的机会，我也想围绕此“重大课题”，重申四点看法。

一　深化国有文化企业改革，全面推动创意、创新、创业

今后10年，我国将进入一个以文化市场环境建设进一步推动文化企业全面、快速、健康发展的新阶段，国有文化企业的发展与改革是一个关键环节。

对在此新阶段我国文化企业发展前景的基本展望可以归结为以下三点：首先，随着政府职能的转变和文化管理体制改革的深化，特别是文化投资和文化创新领域政府审批制度的革新，文化企业发展的制度环境将有明显改善，文化企业资源配置效率和盈利性有望大幅提高。其次，随着国有经营文化单位转制工作基本完成，在统一市场环境下的新一轮竞争必将展开，我国文化企业将出现全行业全方位的大规模兼并重组。最后，随着转企改制任务的基本完成以及相关体制机制改革的全面深化，国家将进一步加强对内容生产的扶持，我国文化企业将迎来一个新产品、新业态、新商业模式百花齐放，创意、创新、创业竞相迸发的时期。

二　鼓励“跨界融合”：推动文化创意产业与国民经济相关产业融合发展

2014 年 3 月 14 日，国务院正式印发《关于推进文化创意和设计服务与相关产业融合发展的若干意见》，标志着“跨界融合”政策正式推出。今后 10 年，将是文化创意产业与国民经济相关产业实现跨界融合发展的高峰期。

跨界融合，首先是基于产业链各个环节的垂直融合，文化的资源、创意、生产、技术、资本、流通、消费等环节日益扁平化。其次是技术驱动下的行业融合，如传媒产业中的新闻出版、广播影视、新媒体业等媒体行业的融合，传媒业与歌舞演艺、艺术品业、会展业等不同文化行业的融合。再次是文化产业与外部传统行业的融合，如与零售、金融等传统产业纵深跨界融合加速，产业边界日渐模糊。最后是文化创意元素与第一、第二、第三产业的普遍融合。

三 提出“文化治理体系”方案，克服文化体制改革中的“社会建设”瓶颈

当前，解决文化治理体系和治理能力的问题已经成为深化文化体制改革的突破口和新途径。我国文化体制改革已经呈现一条从“办文化”到“管文化”，又从“管文化”到“治理文化”的逻辑路径。我国传统的文化管理体制是文化行政管理部门自己办文化的体制，2003 年以来，文化体制改革启动了从“办文化”向“管文化”的转变。但是，管理文化意味着使用一种普遍去差异化的标准以及行政 - 中心化的系统来规范和管理文化领域的各种活动。这种做法显然很难有效应对文化领域复杂多变的现实问题。在这个意义上说，从文化管理走向文化治理应成为我国深化文化体制改革的一个必然趋势和方向。

从具体措施看，中共十八届三中全会的决定中首次提出要“培育文化非营利组织”，这是推进文化治理体系和治理能力现代化的一项重要的战略部署。我们认为，政府职能转变必须将政府职能转交作为配套政策，今后 10 年应该将培育“文化非营利组织”作为承接政府职能转交、推进国家文化治理的突破口和主要抓手。

四　开放思想市场，鼓励包容创新

以“顶层设计”推动建立健全现代文化市场体系，开放思想市场，鼓励包容创新。如果说，“建立健全现代文化市场体系”是“十三五”时期文化体制改革的一个总的指导方针的话，开放思想市场、鼓励包容创新就是落实这一指导方针的关键环节。因此，开放思想市场是今后10年深化文化体制改革的“顶层设计”。

对“思想市场”一词不应该做狭义理解。“现代文化市场”本质上是个“思想市场”，因为文化产品和服务本质上是“精神文化产品”，内容创意是一切文化生产活动的源头和关键环节，思想才是文化产品真正的内容。搞清楚了思想市场只不过是文化市场的另一种表述，就可以为文化管理体制改革开辟出一条新路。2003年文化体制改革以来已经形成一个共识：文化产业既有商业属性又有意识形态属性，商业属性是普遍的，意识形态属性是特殊的，因此要将文化管理体制纳入社会主义市场经济体制中去。现在我们进一步认识到：文化产业的意识形态属性实际上是其文化属性的一部分，在文化产品普遍具有的“文化价值”中，只有很少的部分与“意识形态”有关，需要专门做出制度性安排加以管理。

张晓明

中国社会科学院研究员

序三
——文化发展研究中的特色现实关怀

目前的文化发展研究中，存在一股对现实问题高度关注、对纯粹思辨警惕与克制的潮流。本书是顺应了这股潮流的，而且它对中国当代期刊产业发展这一现实问题的关怀，有三个令人印象颇深的特点。

一　以绵密的纵向历史线索梳理和横向价值链分析，讨论期刊业变迁与前景

为了探讨期刊业的变迁与前景，本书采用了纵向/历时、横向/共时两个分析框架，并以文化技术演进作为贯穿、沟通两个框架的线索。

其纵向/历时分析框架，是由人类呈现可视世界的两格式、三阶段构成的，相关发展线索是人类视觉呈现技术的演进。“两格

式”是纵大于横的肖像格式、横大于纵的全景格式；“三阶段”是镜子、相片、屏幕所象征的三个发展阶段。

其横向/共时分析框架，是由文化再生产的设计、制作、行销、消费、管制等价值链环节构成的，相关发展线索是人类复制技术的演进。

在对人类复制技术的演进进行梳理时，本书展示出相当绵密的理论针脚。

首先是“人工复制”与前现代供养制阶段。从人类早期的摹画、摹写、制模及铸造，直到19世纪平版印刷、照相术出现以前，人类的复制技术一直没能突破自己身体的物理局限——手动印刷机其实也没能突破这一局限。与“人工复制”技术相适应的前现代“供养制”作为文化市场的主流体制一直延续到了19世纪。

其次是“机械复制”与文化产业阶段。在19世纪的复制技术域内，以平版印刷、照相术为代表的“机械复制”新组件出现了，人类文化链条首先在生产环节突破了自己身体的物理局限。这导致可供流通的产品和服务的数量、种类急剧增加，价格大幅下降——以大规模生产和消费为特征的文化工业/产业（两者在西文中往往有单复数区别）出现了。其典型标志是廉价大众化报纸 。

再次是“电拟复制”与地缘文化产业阶段。以录音、电视扫描为代表的电拟复制技术，以“新组件”的身份构成了复制技术域的第二次结构深化——在人类文化链条的传播环节突破了地理空间的局限。这使超越国家界限的“地缘文化市场”出现，从而为文化企业大型化和跨出国门在有众多文化联系的一定区域内发展（即“地缘文化产业”的出现）提供了可能。

目前是“数字复制”与全球文化产业阶段。20 世纪 90 年代中期，以文字、声音、影像的数字复制技术为代表的“新组件”大规模进入复制技术域，开启了该域的第三次结构深化历程——相关技术在文化创作环节突破人类想象力的局限，开始能够自主“拟像”；并在文化消费环节，通过实时移动互联（如 Google 眼镜等可穿戴设备）突破了原有的时间、空间的局限。这导致的重大变迁之一是：阻挡地缘文化产业发展为全球文化产业的最后一个障碍——语言文字，在相当程度上已被跨越，以全球文化产业定义的全球文化市场，已成为技术发展的内在逻辑要求。

在上述相关绵密理论分析的基础上，本书进一步梳理了中外期刊业的四类“路标”性案例：延伸纸刊优势品牌资源做电商，靠含品牌附加值的商品（第三次售卖）营利，如《YOHO！潮流志》等；延伸纸刊内容核心特质至多媒体，靠赞助形态的广告（第二次售卖）营利，如 VICE 等；规模化汇聚纸刊内容成为搜索“领航者”，靠出售下载文章或数据库（第一次售卖）营利，如中国知网等；调和“付费墙”与“点击共产主义”，政府介入探索“开放获取”有效路径，如“国家哲学社会科学学术期刊数据库”。

相关理论分析和案例梳理是较为扎实的。

二　以较丰富的阅历、沉稳的研究心态、良好的文笔，展示了“期刊人”的专业素质

据我所知，本书作者1995年在中国轻工业出版社参加工作，历任《消费指南》杂志编辑、《消费指南》杂志副主编、《LADY都市主妇》杂志（《消费指南》杂志2000年更为此名）副主编等职。

作为一个杂志编辑、记者，本书作者曾在《光明日报》、《工人日报》、中央人民广播电台（《午间半小时》栏目）等有影响力的媒体上发表过新闻类、文艺类作品及译文百余篇，表现出良好的文笔。

作为一个杂志副主编，本书作者曾有参与、引领轻工行业杂志《消费指南》转变成女性时尚类杂志《LADY都市主妇》的成功经历：此杂志的发行量从原来的2万多份猛增至14万多份，在2003年10月分拆成两本杂志前，发行量一直稳居国内同类杂志前茅。2004年起，本书作者又参与创办《中国卫生工程》杂志及网站，并任执行副主编——该刊在各方面迅速领先于同行业杂志。

以上阅历使本书作者进入研究领域后具备了较为沉稳的心态。例如，其已发表的二十余篇学术论文，绝大多数是围绕期刊产业展开的研究。再如，本书中“纸刊页面设计‘艺术’的3型11式”（参见本书第四章）之类的内容，也是非常耐心地对从业经验进行的总结。

深入的行业实践、踏实的理论探索，塑造了本书作者作为新一

代“期刊人”较高的专业素质，从本书作者在中国社会科学院哲学所从事博士后研究期间就获得了四个科研奖项的事实，便可见一斑：2012 年 5 月，其博士后项目“文化流程考：从纸质到电子形态中国期刊产业的变迁延续”获第 51 批中国博士后科学基金面上二等资助；2012 年 9 月，其论文《积聚嬗变的能量：2009～2010 中国期刊产业报告》获中国社会科学院第三届“优秀皮书奖·报告奖”二等奖；2013 年 11 月，其论文《从视觉呈现之维管窥期刊未来》获第二届中国博士后文化发展论坛优秀论文三等奖；2014 年 11 月，其论文《作为“文化”变革动因的复制技术研究》获第三届中国博士后文化发展论坛优秀论文二等奖。上述获奖项目、论文内容，大多与本书有关，这也是作为本书作者的博士后合作导师之一的我，颇感欣慰的。

三 在概念思想谱系的梳理、讨论的引入、内容逻辑的贯通等方面，留下有待开拓的诱人空间

国际上的文化发展研究（本书内容广义上可归入该领域）大约始于 20 世纪 70 年代前后。在其发展过程中，相对抽象的哲学思考通过具体的社会科学，实际干预了社会发展的进程。因为文化不仅是符号，同时既是制度、权利，也是传统与变革。本书的“管制：从主体、模式与原则变迁，到双向权力转型”（参见本书第八章），描述了文化管制的权力源由暴力至金钱、知识、共享的变迁线索，为我们观察文化管制主体、模式与原则的变迁，提

供了一幅较为清晰的图景。

在“人工复制”与前现代供养制阶段，封建利益集团作为管制主体，先后施行了特许制、预审制，奉行政治或政治－伦理原则，以暴力作为主要管制手段，如英王詹姆斯一世捣毁印刷机、监禁作者、公开焚书等。

在“机械复制”与文化产业阶段，民族国家政府作为管制主体，一般施行后惩制、登记制，奉行经济－社会原则，以金钱作为主要管制手段，如加拿大政府对美国期刊输入的管制。

在“电拟复制”与地缘文化产业阶段，管制主体有向国际组织位移的趋势，奉行一种不平衡的经济－文化原则，以知识及其产权作为主要管制手段，如世贸组织通过的《与贸易有关的知识产权协定》。

在“数字复制”与全球文化产业阶段，有技术优势的大公司在向管制主体位移，其奉行经济－技术原则，以比传统公司更大范围的共享作为管制依托，如苹果公司、中国知网。

上述对文化管制历史的描述，在相关概念思想谱系的梳理、讨论的引入、内容逻辑的贯通等方面，虽然还有明显的粗疏之处，但进入 21 世纪以来，改革开放中相对滞后的中国文化体制改革开始提速，文化管制等文化发展的诸多课题已被提出，所以，我倍感本书相关内容留下了有待开拓的诱人空间。

章建刚

中国社会科学院研究员

目　录

Contents

图表目录

第一章 问题背景、纵向分析切口

一 纸刊与电刊之间，事关生死的努力亟待梳理

首先需要声明的是，本书主旨虽是探讨中国期刊产业在纸质形态期刊（简称“纸刊”）、电子形态期刊（简称“电刊”）变迁与延续中的问题和规律，[①] 但由于目前我国期刊产业的市场化发育程度较低，所以本文的视野不会局限于国内期刊市场。

2012 年，在市场化水平高因而具有指标意义的美国期刊界，有着近 80 年历史的世界著名新闻类期刊《新闻周刊》（*News Week*）面临抉择：坚持出版纸刊，一定死；全面转型为 E－only 电刊，[②] 不一定能活，但至少不会马上死。随后其决定大家都已

---

① 一些研究者认为期刊和杂志概念有一定区别，但本文中对两个概念不做区别。

② E－only 电刊是指已无相关纸刊的电刊。

知晓：从 2013 年起将不再出纸刊，只出电刊。据悉，目前已有 47 万用户订阅了《新闻周刊》的电刊。这一数字尽管较 2012 年年底的 4.15 万已有大幅提升，但远不及该刊转向 E – only 前 140 万的纸刊发行量。

与《新闻周刊》全面转型为 E – only 电刊的激进不同，更多期刊的生存策略则是将纸刊、电刊捆绑、融合。例如，社交网站脸书（Facebook）的联合创始人、奥巴马竞选网络协调人克里斯·休斯（Chris Hughes）于 2012 年收购了有近百年历史的智识类期刊《新共和》（*New Republic*）。在休斯主导下，《新共和》的纸刊和电刊在元素组织方面开始融合：其网站主页（见图 1 – 1）采用了纸刊式的大标题和富有冲击力的图片；而纸刊的封面（见图 1 – 2）及内页则采用了“屏面”式置顶栏等极具数字时代触感、交互感的设计。与此同时，休斯大力应用能改善受众体验的新技术，如为网站上的文章提供音频阅读技术，及在网页上显示文章阅读进度的技术等。这些措施的绩效令人振奋：1 年之后，其网站流量不断刷新纪录，且纸刊发行量也止跌回升到 5 万份的水平。

也有坚守纸刊的努力，如德国休闲类杂志《乡村情趣》（*Landlust*）就彻底放弃了包括推特（Twitter）、脸书（Facebook）、平板电脑（iPad）、博客甚至是网络等一切“非自然”的电刊概念，而致力于提供让人们放慢脚步，品味自然、生活的内容——园艺、厨艺、田园生活、乡村生活及大自然是这本期刊聚焦的五大主题。而 82.8 万册的发行量，也证明了与其定位（锁定那些经

图1－1　采用纸刊式大标题和富有冲击力图片的《新共和》网站主页

图1－2　采用“屏面”式置顶栏设计的《新共和》纸刊封面

历过大都市高强度生活、渴望回归本真的人们）相协调的这一份坚守，还是有着自己生存空间的。

甚至还有纸刊并非“坚守”，而是抓住机遇获得大发展的例子。例如，巴西家装类期刊《我的家》（*Minha Casa*）就在过去几年抓住超过1740万巴西人由于收入增加而加入中产阶级行列机遇，面向中下阶层受众群体，教他们如何装饰自己的房间；结果，该刊一跃超过其市场上的绝大多数趋向高端的家装期刊，获得巨大成功。再如，中国期刊市场上新近崛起了以出售互联网电商品牌资源为经营切入点的新型纸刊《淘宝天下》。该刊内容的核心特色，是登载“淘宝网”所展示商品的“淘代码”。读者在淘宝网上输入该码，可直接找到期刊上展示的商品，从而极大地方便了读者的“淘宝”行为。该刊发行采用“会员”模式，即淘宝网大卖家在成为“会员”后，便承担随商品包裹附送该刊的任务，一举解决了传统纸刊的发行量“损益悖论”难题。至2010年底，该刊期实发量已达60万份。[①]

可见，在纸刊与电刊之间，种种事关生死的努力是艰难、复杂的，因而也是亟待系统梳理、思考的。熊彼得曾经指出，人们可以通过三种方式去研究经济学这样一门社会科学：通过历史，通过理论，或者通过统计数字。摆在我们面前亟待梳理、思考的现象虽具有多学科的复合内涵，但主要还是社会科学方面的，因此不妨沿着熊彼得所指引的研究路径，先从梳理电刊历史的“纵向”分析开始——如果梳理“历时性”电刊史可被理解为“纵向”分析，那么探究其“共时性”再生产环节则可被理解为“横向”分析。

---

① 童桦：《期刊数字化，越走越清晰》，《浙江日报》2010年10月20日第14版。

二　纵向分析切口：人类呈现可视世界的两格式三阶段

从目前纸刊、电刊变迁与延续中可以观察到一个明显的事实：就两者所呈现的内容而言，其间存在的差异往往不具本质性，例如，目前营利模式最成熟的电刊——网络期刊全文数据库，其内容就是纸刊的原样电子化；而恰恰在呈现内容的视觉载体及方式上——纸刊的版面、电刊的屏幕及其各自的元素组织，有着本质差异。所以，从视觉呈现的维度来考察，是以理解纸刊、电刊关系为旨归的对电刊纵向历史梳理的一个值得挖掘的切口。

（一）纵大于横的肖像格式、横大于纵的全景格式

人通过感觉器官认识和把握世界，而在人的感觉器官中，视觉居于主导和基础地位。这一是因“看”是人衡量现有生存环境、寻找新生存环境的主要标准和途径，二是因绝大部分有目的的触、听、嗅、味等感觉经验都必须有视觉的指引。所以，将世界两分为可视的、不可视的，古今中外都是顺理成章的事。而至于人为什么以肖像格式（纵大于横，如名画《蒙娜丽莎》，见图1－3）与全景格式（横大于纵，如名画《伏尔加河上的纤夫》，见图1－4）两种不同格式来呈现可视世界，则目前还没有达成一致的结论。[①]

① 〔美〕菲德勒：《媒介形态变化：认识新媒介》，明安香译，华夏出版社，2000，第36页。

图1－3 《蒙娜丽莎》是纵大于横的肖像格式

一般情况下，肖像格式用于近距离呈现细节可视信息，有人认为这很可能与人的脸部和身体形状有关——采用此格式，眼睛易于集中在相对小的（如人脸部）和垂直的（如人身体）形象上。事实上，可读性和视觉跟踪研究已证明，当文本分栏处于相对狭窄的宽度（细节可视信息以肖像格式呈现）时，人们往往读得更快更舒服。而全景格式用于远距离呈现宏观可视信息，因为当人从远处观看全景或舞台表演时，需利用水平视差（因人体处于水平位置的两眼间的空隙产生），或周边视觉，来辨别三维空间的距离和活动。事实上，古代圆形剧场、中世纪教堂讲台等，已证明了以全景格式呈现宏观可视信息的有效性。

图1－4 《伏尔加河上的纤夫》是横大于纵的全景格式

（二）镜子、相片、屏幕所象征的三个发展阶段

从人类呈现可视世界的技术角度看，镜子、相片、屏幕或许可以成为三大里程碑，因为它们呈现世界时格式相异，而且分别标志着模仿、复制、虚拟技术的成熟，演绎了古代、近代、现代视觉文化的阶段式发展。

镜子也许是人类呈现可视世界的最早工具。原始人类在打制石器工具时，发现有一种叫“黑曜岩”的石头可以磨平照人，这就是所谓的“石镜”。公元前3000年，古埃及人掌握了青铜（铜锡合金）的生产技术，同时发现，把青铜板打磨光滑后，可以照出人形来，这样“青铜镜”又出现了。到了公元1世纪，西方已经有了可以照见人全身的大镜子，至中世纪镜子的使用已很普遍。中国古代镜子的出现和使用，或许比西方还要早。所有的镜子，几乎都采用了肖像格式（纵大于横），这很可能是因为镜子对世界的呈现是近视距、临时性、模仿性的，因而其呈现对象主要是人，而无论是人的脸部还是人的身体，都是纵大于横的。镜子虽然是一个日常生活用具，但它对人的观念和艺术产生了深远影响，形成了人类的模仿型视觉文化。在古希腊哲学家那里，模仿被视为艺术乃至知识的起源。如亚里士多德那个对悲剧的著名定义：“悲剧是某种庄重、完整，而具有一定度量的行动底模仿”。[①] 在文艺复兴阶段，美学上的“镜子说”更是风行一时。如达·芬奇就认为：“画家的心应

---

① 〔希〕亚里士多德：《诗学》，天蓝译，新文艺出版社，1953，第17页。

该像一面镜子。”[①] 即使到了 20 世纪，镜子可反观人自身的特性仍深深影响着艺术。梅洛—庞蒂曾指出：“人是人的镜子……这也就是为什么画家们往往都喜欢——他们现在仍然喜欢，我们只要看看马蒂斯的素描就知道了——画正在作画的自己”。[②]

1839 年，实用的照相机出现了。相对于镜子所呈现世界的近视距、临时性、模仿性，相片中的世界则视距可近可远，且所呈现形象可固化长久、大规模复制，于是相片呈现的世界在格式方面也出现了灵活性：当呈现近视距细节可视信息（如人脸、文字等）时，就采用肖像格式；当呈现近视距宏观可视信息（如人群、风景等）时，则采用全景格式。诚如桑塔格所言：“这种吸纳一切的摄影眼光改变了洞穴——我们所居住的世界——中限定的关系。在教给我们一种新的视觉规则的过程中，摄影改变并扩展了我们对于什么东西值得一看以及我们有权注意什么的观念。”[③] 本雅明则发现：由于复制技术的训练，人们对许多大作品的感受和理解方式有了巨大改变。相片所代表的大规模复制技术改变了事物与其复制品间原有的中心/非中心、重要/次要关系，标志着人类开始拥抱近代的复制型视觉文化。

1888 年，世界第一部电影《朗德海花园场景》诞生。这部记录了一家人在花园里转圈嬉戏场景的电影虽然长度不足 2 秒，但

---

① 〔意〕达·芬奇：《笔记》，参见吴笛主编《外国文学作品与史料选（上册）》，浙江大学出版社，2012，第 337 页。

② 〔法〕梅洛－庞蒂：《眼与心》，杨大春译，商务印书馆，2007，第 48 页。

③ 〔美〕桑塔格：《论摄影》，艾红华、毛建雄译，湖南美术出版社，1999，第 13 页。

标志着人类视觉文化步入了现代。屏幕中的电影银幕呈现世界时，除继承了相片的视距可近可远、可长久保存、可大规模复制等特性外，还实现了所呈现世界由静到动的突破！当然，这种“动”其实是“静”的相片的特定组合，即实质上是相片以每秒 16 张的速度依次呈现于银幕所构成的“画卷”。当电影被解构为组合起来的相片“画卷”时，电影银幕采用全景格式就很好理解了。正是一张张相片之间的组合与剪辑（即“蒙太奇”），为“虚拟”留下了巨大空间和可能，于是人类虚拟型视觉文化的纪元就开始了。鲍德里亚有感于此，曾指出现实的一切均已被符号的超现实性和仿真的超现实性所吸纳，是“符号政治的经济学消费”。[①] 当然，随着屏幕的发展，即从电影，到电视，再到个人电脑、平板电脑（如 iPad）、智能手机（如 iPhone），其屏面越来越小，公共属性越来越弱，私人属性越来越强，最终它又重新恢复了在全景与肖像格式间灵活转换的功能。

可见，镜子以近视距、临时性、模仿性的肖像格式呈现世界，它所象征的古代模仿型视觉文化是接近现实的文化；相片可将瞬间形象固化长久、大规模复制，且除了能用近视距肖像格式外，还能以远视距的全景格式呈现世界，它所象征的近代复制型视觉文化也与现实拉开了距离；屏幕实质是在呈现相片组合成的“画卷”，电影、电视等公共“大屏幕”用远视距的全景格式动态呈

---

① Jean Baudrillard, *Symbolic Exchange and Death*, Translated by Iain Hamilton Grant, London: SAGE Pubilcations, 1993, p. 7.

现世界，平板电脑、智能手机等私人“小屏幕”重新拥有了在全景与肖像格式间灵活转换的功能，且屏幕所象征的现代虚拟型视觉文化已与现实进一步背离。

三　纸刊处近代“相片”阶段，电刊属现代“屏幕”阶段

迄今电刊已有许多形态，但其核心共相是在屏幕上呈现内容。从人类视觉文化经历的镜子、相片、屏幕所象征的3个发展阶段看，纸刊处于近代“相片”阶段，电刊属于现代“屏幕”阶段，但两者并非简单的取代关系，因为即使是属于古代视觉文化发展阶段的“镜子”，在现实生活中也是大量存在的。

在理论上，麦克卢汉曾指出：“任何媒介的‘内容’都是另一种媒介。”[①] 如果把屏幕、相片、镜子视为“媒介”，那么麦克卢汉的论断也是成立的：屏幕的内容是连缀的相片，相片的内容是凝固的镜像。在实践上，新近也上演了相关的生动一幕：基本抛弃了胶片的数字相片，在屏幕上获得了更为灿烂的新生——目前每年用智能手机、数码相机和其他设备拍摄的相片达1.6万亿张；而2000年左右胶片相机全盛时期每年拍摄的相片，只有约0.1万亿张。[②] 因此，考察电刊所经历不同屏幕的旅程，乃是基于其内在发展线索的一种梳理。

---

① 〔加〕麦克卢汉：《理解媒介——论人的延伸》，何道宽译，商务印书馆，2000，第34页。

② 资料来源：http：//cn. wsj. com/gb/20130731/tec071803. asp? source = whatnews2。

第二章　电刊屏幕生存史

一　电视屏幕上的电刊主要属 E－only 消费类

媒介生态环境要求媒介生存必须具有比较优势。从视觉呈现角度看，全景格式的大面积电影屏幕与可于全景（对开）、肖像（单页）格式间灵活转换的纸刊版面相比，在呈现图文细节便利性等方面难有比较优势，所以虽然以电影为报道内容的纸刊比比皆是，但电影屏幕与纸刊版面几乎没在形式方面产生相互影响。电视则不同，因为它的全景格式屏幕在面积上与纸刊的“对开”版面更为接近，具有产生交集的可能。

（一）电视新闻杂志

1968 年，美国 CBS（哥伦比亚广播公司）推出了一档“Magazine－format Documentary Series”（可译为“杂志型纪录片系列”）的电视节目。由于该节目时长一个小时而得名《60 分》。正如其类型名称所揭示的那样，该节目在结构上借鉴了纸刊的定期化、栏目化、深度化编辑思想，通过主持人、嘉宾等元素进行评论类内容的介入，从而补齐了屏幕所呈现的“连缀相片”在表达思想、情绪、观点等深度意蕴方面的短板，使得电视屏幕在发挥自身动态视频、音频广播优势的同时，在编辑思想上与纸刊实现了融合。该节目经过 40 余年的发展，至今收视率仍长久不衰。

美国的“杂志型纪录片系列”电视节目后来渐多，比较著名的有 NBC 的《日期线》（*Dateline*）、ABC 的《20/20》等，但《60 分》在竞争中一直占优势。究其原因，有人认为奥妙就在于《60 分》一直强调“硬新闻”的“深度”。而支撑其节目内容“深度”的，是其强大的制作团队：其主持人、记者一般有侦探、分析者和游客三种隐喻身份，在不同领域掌握着不同的话语权，有的对检察机关的工作程序了如指掌；有的则可以看懂医学术语、医学报告；还有的记者对现代公司企业内部信息和资料可以合理地取得。《60 分》的主持人、记者的代表人物华莱士，1986 年近 70 岁时在中南海独家采访了邓小平；而 2000 年，他再次到北京采访了江泽民；2003 年，85 岁高龄的华莱士仍然是《60 分》的全职记者。

我国电视工作者在 20 世纪 80 年代开始对杂志型栏目进行初步尝试，上海电视台 1987 年 7 月 1 日开播的《新闻透视》，可能是我国最早的杂志型新闻栏目。而中央电视台 1994 年推出的“电视新闻杂志”节目《东方时空》（包括《面对面》《东方之子》

《生活空间》《时空报道》等栏目），基本上是“杂志型纪录片系列”的中国版，已成为我国电视节目发展史上的里程碑。

可以说，“电视新闻杂志”（或叫“杂志型纪录片系列”），一方面发挥了电视媒体自身动态视频、音频广播的优势；另一方面以纸刊为鉴获得了“深度”内容，是一种在电视屏幕上获得了巨大成功的“电子期刊”。

（二）图文电视

“电视新闻杂志”所呈现的，主要是电视媒体擅长传播的动态视频、音频信息，但在电视屏幕上呈现静态图文信息会成功吗？

1972 年，英国广播公司（BBC）率先推出一种以呈现图文为主的电视节目。其研制和播出的最初目的，是帮助有听觉障碍的人收看电视，并很快获得了推广。该类型节目在欧洲被称为“图文电视”（Teletext），在美国的商业化项目之一叫“视特灵”，在日本被称为“文字放送”。我国的“图文电视”是从 20 世纪 80 年代初开始研制的，1985 年第一代图形扫描制的图文电视系统问世，1990 年第 11 届亚运会期间在全国 15 个城市电视台进行了试播。

虽然全世界已有 40 多个国家、地区开展了图文电视广播业务，[①] 但该业务主要是像我国在主办亚运会期间试播那样属于公共服务，而真正的商业化项目（如美国的“视特灵”）基本上都

---

① 徐健、梁敏：《图文电视——现代电视杂志》，《电子天府》1994 年第 3 期。

失败了。“视特灵”的失败，使参与该项目的奈特—里德公司损失了5000万美元，并使美国电话电报公司至少损失了1亿美元。[①]“视特灵”项目的首席设计主任在总结项目失败的原因时说：“有线图文的页面在电视屏幕上看起来既沉闷又不起眼。不管设计人员付出多少努力来增强有线图文页面的视觉效果，它仍不像电视的活动画面那么激动人心，也比不上阅读报纸、杂志那样轻松自在。”[②]

实践证明，在电视屏幕上呈现静态图文信息（如图2-1，“视特灵”项目的一帧典型屏面），尤其是文字信息方面，与纸刊相比不具比较优势。这在一定程度上决定了电视屏幕上的电刊在内容领域方面的特点。

媒介所传播的内容，大致可分为知识、信息、娱乐三大方面，因此媒介也可相应分为教育（以传播知识内容为主）、专业（以传播信息内容为主）、大众（以传播娱乐内容为主）三类。具体到期刊而言，一般分为消费类期刊（Consumer）——属于大众媒体；和专业类期刊（Business or Trade）——属于专业、教育媒体。[③]由于电视屏幕在呈现文字信息方面不具优势，所以电视屏幕上的

① 〔美〕菲德勒：《媒介形态变化：认识新媒介》，明安香译，华夏出版社，2000，第127页。

② 〔美〕菲德勒：《媒介形态变化：认识新媒介》，明安香译，华夏出版社，2000，第131页。

③ Leonard Mogel, *The Magazine: Everything You Need to Know to Make It in the Magazine Business*, Pittsburgh: GATF Press, 1998, p. 10.

图 2－1　在电视屏幕上呈现图文信息的“视特灵”项目的一帧典型屏面

电刊，其内容领域局限于新闻等——属消费类；在具体运作上也大多与纸刊无关——属 E－only 类。

二　电脑屏幕上的电刊主要是专业类纸刊“翻版”

（一）磁带期刊

早在 20 世纪 60 年代初，美国就利用电脑技术，出版了纸刊《化学文摘》（*CA*）磁带版。这是目前资料所见最早电脑屏幕上的电刊。电脑屏幕除在显示技术（如分辨率的提高对文字信息显示有重要意义）比电视屏幕有所进步外，还依托于主机而具有了信息处理能力的优势（如具“搜索”等功能）。这使电脑屏幕上的电刊在专业类期刊领域有了很大的发展。

到 20 世纪 60 年代末 70 年代初，《生物学文摘》（*BA*）、《科学文摘》(*SA*)、《工程索引》(*EI*) 等纸刊，都出版了便于信息检索的磁带期刊。由于磁带期刊主要通过一些大型的联机系统(如 OCLC、DIALOG) 等，为世界各地的终端用户检索利用，所以又被称为联机型电刊。据不完全统计，1985 年，世界联机系统中的电刊已有 532 种；1993 年，其数量上升至近 4000 种。但是，由于在个人电脑出现前，电脑的使用范围非常有限，所以磁带期刊（或曰联机型电刊）的使用范围和影响也相当有限。

（二）软盘期刊、磁盘期刊、光盘刊期

20 世纪 70 年代初，第一台为非专业技术用户设计的个人电脑在美国施乐公司通电启动，这标志着个人电脑时代的到来。随着个人电脑的普及，单机型电刊获得了发展，并伴着技术的更新，经历了软盘期刊、磁盘期刊、光盘期刊等形态。20 世纪 90 年代以后，光盘局域网的运用和自动换盘机的发明，大大提高了光盘(CD - ROM) 期刊利用效率，使得该类电刊在互联网兴起前，拥有了电脑屏幕上电刊的主流地位。

例如，世界最大的科技出版商爱思维尔（Elsevier）公司在 20 世纪 70 年代就推出 ADONIS 计划，出版了第一批 STM（科学、技术、医学）光盘期刊。该公司出版的光盘期刊最多曾达 1100 多种。我国曾引进的国外较重要的集成式光盘期刊主要有：美国 UMI 公司的普通期刊全文数据光盘（GPO）和商业期刊全文数据光盘（BPO），美国 Silver Platter 情报服务公司与美国国立医学图书馆共同研制的 MEDLINE 光盘数据库（收录了 70 多个国家出版

的3200多种医学期刊的题录与文章）；IEEE/IEE全文数据库检索系统（包括119种期刊、1815种会议记录和部分标准），覆盖了美、英电器和电子类主要的会议录和期刊。其他还有荷兰《医学文摘数据库》（*EMBASE*）、美国《心理文摘数据库》（*PSYCLIT*）、英国《科学文摘》（*INSPEC*）等。

再如，1989年，我国西南信息中心（原中国科技信息研究所重庆分所）开始研发电脑屏幕上的电刊《中文科技期刊数据库》。该刊先以磁盘期刊面世，1992年6月开始出版光盘期刊。其光盘期刊收录中文科技期刊近5600种，提供6种检索途径，定期（每半年或每季度）更新。我国早期较有影响的光盘期刊还有《中国人民大学复印报刊资料全文及目录索引（光盘版）》（由人大书报资料中心和北京新北成实业开发公司合作出版）和《中国学术期刊（光盘版）》（由清华大学中国学术期刊光盘版电子杂志社出版）。

电脑屏幕上的电刊，在内容方面基本上是将专业类纸刊原样电子化后，再加以数据库化集成，所以可被视为专业类纸刊的“翻版”；在发行方面则仍采取纸刊的邮寄方式——这充分暴露了其“过渡”性质。

三　互联网屏幕上的电刊消费、专业类兼具

1995年互联网开始民用。该技术使得任何人只要拥有电脑和调制解调器，理论上立即就可实现“全球广播”。这让“互联网屏幕”一下突破了“地球村”信息交流的空间阈限，并超越了单

个电脑、局域网中电脑的信息处理能力阈限，从而成为一种覆盖、拓展了电视屏幕、电脑屏幕功能的具有新质的屏幕。互联网屏幕上的电刊开始在消费类、专业类两大领域开辟领地。

最先在“互联网屏幕”上出现的电刊，其内容以信息为主，在编辑思想上借鉴了纸刊的定期化、栏目化特点，发行主要采用“电子邮箱”方式，如美国的《石板书》《文字》《完全纽约》及我国的《电子信息与通讯网络杂志》等都属于此类。这些电刊在内容“深度”上难以达到相应纸刊水平，且所用的电子邮箱发行方式也没有发挥出互联网在广播范围上的优势，所以一段时间后纷纷关张。但最初的试验性品种很快为更成熟的产品积累了经验。

（一）专业类：纸刊“翻版”网络期刊全文数据库

率先获得成功的“互联网屏幕”电刊是由光盘期刊转化、延伸到互联网上的“网络期刊全文数据库”。其策略一方面和光盘期刊一样，将专业类纸刊内容电子化后，再加以数据库化集成，从而获得了内容深度——所以仍是其“翻版”；且借互联网在信息处理能力上的优势，其数据库规模得以更加“海量”（光盘的容量虽有3亿个字符，但毕竟有限），更新速度也更快——由光盘期刊的每半年或每季度变为随时。另一方面，网络期刊全文数据库采取平台访问和下载发行的方法，落实了互联网突破信息交流空间阈限的优势。国外的Blackwell Synergy、Springe LINK、Science Direct等，国内的中国知网（http：//www. cnki. net，由《中国学术

期刊（光盘版）》发展而来）、维普网（http：//www. cqvip. com，由《中文科技期刊数据库》发展而来）等，采取的均是上述策略，而且均已靠免费搜索、付费下载的成熟营利模式，实现了商业化运营。例如，2010 年，仅北京工业大学、厦门大学和成都理工大学订阅 Science Direct 网络期刊全文数据库的费用，就分别达到 116160 美元、158075 美元和 157788 美元。[①]

值得注意的是，网络期刊全文数据库虽延续了纸刊内容深度化特点，但解构了所呈现纸刊的定期化、栏目化等特点，因为用户在进行数据库搜索时，主要用关键词等，时间即使有用也变成了依需而定的起止时点构成的“时段”，这使纸刊原来的周刊、旬刊、月刊等概念对用户而言失去了意义；而且，数据库用户搜索并付费下载的是单篇文章，纸刊原来的“栏目”编排对用户也已失去意义。

另外，从视觉呈现角度看，出于主流“互联网屏幕”和纸刊的长宽制式原因——主流“互联网屏幕”是 14 英寸至 19 英寸屏幕，其长宽分别为 320mm×180mm 至 410mm×250mm；主流纸刊是 16 开和大 16 开版面，其“对开”长宽分别为 370mm×260mm 至 420mm×285mm，所以，纸刊被原样电子化后，全景式的“互联网屏幕”只适合呈现原纸刊的肖像式“单页”，这导致纸刊基于“对开”的图文组织艺术，在技术上失去了像其深度化文字一样“屏移”到互联网屏幕上的可能。目前国内外的“网络期刊全

① 资料来源：http：//finance. sina. com. cn/g/20080604/07274944903. shtml。

文数据库”，主要是集聚以文字为主的纸刊类型（如学术等专业类），而非图文并茂的强调版式艺术的纸刊类型（如时尚等消费类），这恐怕是非常重要的一个原因。这也提醒我们，以文字为主的纸刊，其“深度”是由文字内容构成的；而图文并茂的纸刊，其“深度”是由文字内容、图片内容和版式艺术等多方面构成的。

“互联网屏幕”没能“屏移”纸刊的版式艺术，那么其自身能否迅速形成一种毫不逊色的“屏面”元素组织艺术呢？这是目前正在运营的所有消费类电刊——要和图文并茂的消费类纸刊竞争，亟待解决的问题。

（二）消费类：纸刊“扩版”刊社网站及名人、IT企业的E - only刊

与凭“翻版”专业类纸刊内容构筑起稳定营利模式，从而已越过“生存”线进入“发展”阶段的网络期刊全文数据库相比，消费类电刊在互联网屏幕上目前仍在为生存探索。

消费类期刊社通过与网站开发商合作，开发一个自己期刊的门户网站，以其纸刊的定位、内容等为根基，添加在线调查、作品征集、新刊预告等内容，将纸刊的“扩版”延伸到互联网上进行传播，这是目前国内一些消费类期刊社做“电刊”的常见模式。如《瑞丽》做的“瑞丽女性网”（http：//www. rayli. com. cn），《时尚》做的“时尚网”（http：//www. trends. com. cn）均属此类。由于采用此模式的电刊经营者一般有较先进的期刊经营理念、较丰

富的期刊经营经验，所以这类电刊内容质量较高，虽营利模式还难言稳定，但其媒介聚合力、品牌影响力仍在发展，是不少品牌期刊启动数字化进程的起点，也是目前互联网屏幕上电刊的主要力量之一。

相比纸刊“扩版”刊社网站，其他与纸刊无涉的消费类 E - only 刊的“生存”状况仍相当不稳定。

2006 年前后，国内“名人”纷纷办起了电刊，但大多数很快就难以支撑，如 2007 年高调启动的李湘的《相信》连创刊号都没面世；杨澜办的电刊《澜 LAN》已在 2009 年 2 月悄然停刊，其另一本电刊《天下女人 HerVilage》在同年 5 月也悄然停刊；陈鲁豫办的电刊《豫约》在 2010 年 4 月宣布改为不定期出版，至今未见新刊；赵薇的《天使旅行箱》、高圆圆的《圆来是你》、秦岚的《岚岚细语》也都纷纷关张。不过，徐静蕾 2007 年 4 月创办的《开啦》还在按时出版，而且据说从第一期起就一直赢利。韩寒主编的电刊《一个》于 2012 年 6 月上线，内容特点是：“每天选择出不超过 1 个小时阅读时间的文章，一天，一个报道；一天，一个评论；一天，一个文艺；一天，一个问题。”该刊目前也在运作。从国外“名人”电刊运作经验看，专业类“名人”电刊已有相当成功的先例，如美国著名电子商务专家拉夫·威尔森博士，早在 1995 年 11 月就推出过免费电刊《现代网络营销》（*Web Marketing Today*），短时间内就吸引了 10 多万用户；1997 年 8 月，威尔森推出了收费电刊《今日电子商务》（*Web Commerce Today*），每年 49.95 美元，当年即告赢利，第二年收入翻番。可见，专业类是“名人”电刊的一个可能生存方向。

做消费类 E - only 刊的 IT 企业大致分为两种情况。第一种是专做电刊的网站平台，如 X - plus 喜闻网、Z - corn 电子杂志网、POCO 原创图片互动社区等。它们在 2006 年前后曾获风险投资青睐，风头一度十分强劲，但到 2009 年又纷纷被风险投资抛弃。它们至今大多活着，只是运营方式由主营电刊平台转为提供相关的技术服务、增值服务。第二种是门户网站，在导航网页设一个“杂志”或“电子杂志”按钮，点击进去之后，会出现专题化的各类新闻的组合供应。但是，博客及微博出现以来，门户网站的杂志按钮纷纷改为了博客及微博按钮。可见，IT 企业做的消费类 E - only 刊，目前还没有明确的生存方向。究其原因，这些 E - only 刊的自制内容在“深度”上无比较优势是一方面——看来将纸刊内容电子化“翻版”“扩版”是电刊短期内获得深度内容的唯一现实途径；而 E - only 刊在“互联网屏幕”上整合图、文、视频、音频、动画等元素的组织艺术，目前与有着 100 多年行业积淀的纸刊版式艺术相比，在观看体验方面无比较优势，应是不能忽视的另一方面。

四 移动互联网屏的电刊重新以消费类为主

移动互联网屏幕，包括笔记本电脑（如上网本）、电子阅读器、智能手机（如 iPhone）、平板电脑（如 iPad）等各类接入移动互联网的屏幕，可按有无电话功能分为两类，前者以 iPhone 为

代表，后者以 iPad 为代表。

起初，实现了无线上网的笔记本电脑，在“互联网屏幕”所开辟的在屏幕上进行人际传播的新路上，又向前迈进了一步——因可移动而更“实时”，但也因这种移动的便利性有限，所以“实时”的程度仍相当有限。

2000 年，“智能手机”（手机、相机和电脑的结合物）出现，在屏幕上实现了“人际传播”的“实时”程度突破。虽然新近发生的斯诺登事件表明，基于无线通信技术的所谓“人际传播”其实都是“广播”，但智能手机所带来的广播的真正“实时”化，仍使“移动互联网屏幕”获得了不同于“互联网屏幕”的新质——更小的社交化、大数据化屏幕。因移动所要求的便携性，所以更小；因广播可以“实时”，所以使追求“社交”的人性得以充分展开——在“移动互联网屏幕”出现以前，谁能把自己在餐馆吃到的一道好菜、在旅途中看到的一处美景、在街上碰到的突发事件等，立即拍下并上传到网络与别人交流分享呢？另外，因“实时”形成了精细化“大数据”，所以使观看行为的细节无所遁形，使相关规律的揭示和商业化运用成为可能，即“大数据”时代来临。

（一）苹果商店“报刊亭”（Newsstand）是主要入口

2010 年，苹果公司推出其平板电脑 iPad，一炮走红。实际上，iPad 是不能打电话的 iPhone，同时比 iPhone 具有更好的网络接入性能——屏幕比 iPhone 更大，输入起来更简单。

2011 年，苹果公司为 iPhone 和 iPad 增加了一个“报刊亭”（Newsstand）新功能，从而为纸质报刊进军“移动互联网屏幕”提供了更现实、方便的渠道。虽然进入条件堪称苛刻——所有经由其平台发生的内容交易，苹果将收取交易额的 30%，及相应广告收益的 40%，且苹果不给内容提供方用户数据（后来改为由用户做选择是否提供数据）；但是许多著名纸刊，如《纽约客》、《国家地理》、《名利场》、*ELLE*、*GQ*、*ESQUIRE* 等，还是纷纷登上苹果的“报刊亭”。从以图片精美著称的《国家地理》、女性时尚刊 *ELLE* 及男性时尚刊 *GQ*、*ESQUIRE* 的加入可以看出，图文并茂的消费类纸刊已经进入“移动互联网屏幕”。这与在“互联网屏幕”上成功地以文字为主的专业类纸刊“翻版”构成的“网络期刊全文数据库”已有所不同。

为什么会这样？

首先，属于“互联网屏幕”的“网络期刊全文数据库”，通过“翻版”以文字为主的专业类纸刊获得了深度内容，抢占了市场先机，留给“移动互联网屏幕”的只剩图文并茂消费类纸刊电子化这块更难啃的骨头了。其次，在文字呈现方面，“移动互联网屏幕”因面积更小，相对纸刊版面难有比较优势；在“屏面”元素组织艺术方面，它虽可重新像纸刊一样，在全景、肖像格式间轻松转换——如看视频可用全景格式，看文字可用肖像格式，但这是相对于“互联网屏幕”的优势，相对纸刊而言，其“屏面”元素组织艺术的成熟度难具比较优势。再次，“移动互联网屏幕”的明显比较优势，是广播“实时”突破带来的社交化、大

数据化，但对于电刊而言，此两优势因目前商业化过程中利益主体间的博弈，均没能发挥出来，如苹果“报刊亭”里的电刊就都不能“分享”，内容提供方也不能完整获得“报刊亭”终端用户数据。

所以，没完成“互联网屏幕”电刊生存探索的图文并茂的消费类纸刊，在苛刻条件下纷纷满怀希望登上了“移动互联网屏幕”的电子化快车——如美国审计联盟调查的北美210家报纸、期刊中在移动互联网平台上发布应用的已超过87%，我国的《三联生活周刊》《心理月刊》《GQ中国》《财经》等一大批图文并茂的著名消费类纸刊亦已走上了“报刊亭”中的“读览天下杂志HD”“悦读杂志”等移动互联网平台；但是，理想很丰满、现实很骨感：在美国，《人物》（美国报摊第二大销量期刊）的iPad版平均每期销量只占其纸刊的不足1%，*GQ*、《名利场》的iPad版平均每期销量分别约占其纸刊的7%和2%；[①] 在我国，《周末画报》《外滩画报》等的完全免费iPad版的状况都不乐观，由此可推想那些收费的iPad版本是怎么回事了。好在我国的相关探索仍在继续，如2012年1月，全球首款中英双语iPad版电刊《中国文摘》诞生，该刊每期推出2个视频、20余篇文章，近100屏。再如2012年的《三联生活周刊》数字版，在第39期“音乐与现场”栏目，插入了可在线点击观看的文化节音乐视频；在第

① 资料来源：http：//designtaxi.com/news/33270/Report－iPad－Magazine－Sales－Rosy－But－Only－for－Tech－Titles/。

44期“读书俱乐部栏目”，出现了可链接到腾讯视频网站观看的近2小时的完整视频讲座。

（二）飞丽博（Flipboard），源于社交媒体的以电刊格式获取信息的应用

飞丽博（Flipboard）是一款免费的Android、iOS应用，最初针对Facebook和Twitter等社交媒体上的内容进行整合，再通过电刊格式呈现给读者。翻开这本电刊封面，首先会看到9个内容模块，其中前两个预置了Facebook和Twitter的导入内容，其他模块可从列表中选择或自行添加。进一步点开模块，一个自动排版的“电刊内页”呈现在眼前，这不仅是相关内容中的精华集合，还包括了文字、照片、视频等多种形式，并且地址链接和视频等均为直接打开的状态。飞丽博一经推出，很快就因赋予数字阅读“阅读纸质杂志时的美好体验”而成为全球最受欢迎的社交平台应用之一。

2012年3月，飞丽博在苹果中国区的苹果应用商店推出专门的简体中文版，但很快，国内用户因无法再通过它阅读Twitter等社交网站而数量骤减。于是飞丽博做了一个艰难决定：割舍不合适的信息源，与新浪携手推出飞丽博中国版，做到完全本土化，与国际版完全区隔开来。因内容上已无特点，所以飞丽博中国版与其国内效仿者（特别是其中的佼佼者如Zaker）相比，已无比较优势可言。

2013年3月，飞丽博发布可让个人用户自行制作和发布电刊

的2.0版本后，其用户数量从5300万一路蹿升至了8500万，且已有超过450万份电刊在飞丽博上被发布出来。现在仍然每天都有数以10万计的新增用户涌入这个平台尝试其阅读体验。

把分散各处的数字内容按照不同的主题聚合，以期刊格式呈现给用户，这就是飞丽博应用的实质。作为一种实时“出版”、自动生成内容、充分个性化的电刊，它创造了令人瞠目的价值——2013年12月飞丽博完成了5000万美元的C轮融资，估值为8亿美元。[①]

（三）微信公众号，自媒体时代电刊示例

在我国竞争激烈的社交媒体市场上，微信（WeChat）的私人信息服务模式正在赶超微博（Weibo）的公共微博客模式。数据显示，微博的用户数2013年比2012年减少了2783万，[②] 正面临着被微信赶超的危险；英国《每日电讯报》（*Daily Telegraph*）的一项研究也表明，最活跃的微博用户放弃更快，他们的人数减少了近3/4。而我们之所以关注“微信公众号”，是因为目前能在手机上方便地看到具备深度，有一定长度，也具时效性的内容的渠道中，微信公众号是为数极为有限的这类渠道之一：它是开发者或商家在微信公众平台上申请的应用账号，该帐号与QQ账号互通；通过微信公众号，开发者或商家可在微信平台上实现和特定

① 资料来源：http：//www.techweb.com.cn/world/2013－12－10/1368530.shtml。

② 张辛欣、沈洋：《2013年，微博用户减少2783万人》，《新华每日电讯》2014年1月17日第7版。

群体的文字、图片、语音、视频的全方位沟通、互动。

那么“微信公众号”如何与电刊相联系的？

对这个问题的回答不妨以一个曾颇为成功的传统媒体从业者经营自己“微信公众号”的经历为例。2013年7月，广东教育出版社北京编辑中心主任李玲以“童书出版妈妈三川玲”的名称注册了微信公众号。凭借自己“三十多年来所积攒下来的人脉和人缘（我的热情和我推荐的东西的品质）”，这个微信公众号在短短一个星期内，就经过朋友圈的大力推荐，获得了1000个订阅者，通过了认证。随后，李玲陆续利用微信公众号推出了20多篇文章，在2013年8月23日（即注册微信公众号后一个多月），“童书出版妈妈三川玲”订阅者竟然达到了1万名！而且，在这一个多月的时间里，李玲迅速成为《华尔街日报》儿童教育专栏作家，接到了CCTV2教育节目的专家邀约，几乎每周以“儿童教育专家”身份接受一次采访，大概有50种期刊给她递来了约稿信，有5家出版机构前来洽谈让她撰写新书。当她发起“1万个订阅10种礼物”活动时，接到的礼品赞助申请达五六十种，其中包括出版社童书、儿童期刊、玩具、有机食品……

李玲是在女儿出生之后转做童书和家庭教育编辑的，以前做过期刊、图书编辑，在出版传媒业已有15年的职业经历。李玲做过期刊副主编；做图书编辑时曾出过发行量达140万、70万的图书，还得过国家图书奖、五个一工程奖、全行业畅销书奖，但自觉“所有这些成就都比不上这两个月做微信公众号来得猛烈”，并总结了微信公众号的媒体特性：“微博是‘报纸’，微信公众号

是‘杂志’。”具体来说，李玲认为自己成功地经营微信公众号后，有四条经验：

第一，在自己擅长、专业的领域，提供干货。微信公众号有每天只能发一篇“文章”的“门槛”，因此微信里的订阅者，更看重该号活跃程度、互动频率等，而不是像微博一样，只弄几句“心灵鸡汤”，发几条别人编的每周热点，就能成为一呼万应的“导师”。

第二，要具有分享的精神，并从分享中发现内容。这里形成了只有在新媒体互动形态下才具有的内容生成循环：文章→订阅者→作者→新的文章→新的订阅者。仅经过一个月的培养，“童书出版妈妈三川玲”就陆续收到高质量的订阅者投稿，并开始向日本、法国、加拿大、德国等国“订阅者”约稿。这很大程度解决了“稿源”问题。

第三，提供有价值和深度的内容，真正了解读者需求。和传统媒体不同的是，在微信公众号上，作者知道每一个看自己文章的人是谁！受众的反馈非常强烈，很多受众会针对文章写很长的评论。这很大程度上解决了“选题”问题。

第四，深刻理解“朋友圈”，媒体再不要高高在上摆臭脸了。和微博等社交媒体不一样的，微信更贴近“生活圈”“朋友圈”。你的品位、你的观点、你的价值观，都会影响到你在朋友圈里的“形象”。这个限制，形成了对微信公众号上文章作者的质量压力，因为如果你做的内容让朋友分享后，感觉很没面子，那么最好还是不要发出去。

可见，微信公众号“童书出版妈妈三川玲”，其实很大程度上构成了自媒体时代的一个电刊“示例”。它和上述所有的成功电刊实践一样，都在内在地重构着“期刊”的定义。

五　成功电刊实践使期刊获新定义——具固定名称、深度内容、技术比较优势的定期传播物

首先，成功的电刊实践，如“电视新闻杂志”“网络期刊全文数据库”甚至“微信公众号”，已迫使现行基于纸刊的期刊定义做“减法”。中国新闻出版总署2005年颁发的《期刊出版管理规定》指出：“本规定所称期刊又称杂志，是指有固定名称，用卷、期或者年、季、月顺序编号，按照一定周期出版的成册连续出版物。”考察该定义会发现，第一，“用卷、期或者年、季、月顺序编号”，对“网络期刊全文数据库”来说已失去意义；第二，“成册”的描述，显然只针对纸刊而言，而缺乏对电刊的涵盖能力；第三，“出版物”的描述，对“电视新闻杂志”也无涵盖能力。这样，被成功的电刊实践“削减”后的该期刊定义的有效内涵，只剩下了“有固定名称”、有“一定周期”两点。

其次，要把成功的电刊实践纳入期刊定义，还需在总结其“共相”后做“加法”。成功的电刊“电视新闻杂志”，是以动态视音频广播、评论元素深度化为比较优势的；另一成功电刊“网络期刊全文数据库”，则是凭广播数据库化、“屏移”纸刊“深度”文字，构筑了其比较优势。两者的“共相”，一是发挥自身

技术优势，二是内容深度化。

这样，在做过“减法”和“加法”之后就得到了一个对现存纸刊和电刊均有涵盖能力的期刊定义：具固定名称、深度内容、技术比较优势的定期传播物。

第三章　三个“顶层”问题及横向分析框架说明

一　现代文化市场是如何形成的?

英国学者威廉斯研究认为，文化生产经历了“资助”（patronage）、“专业市场”（market professional）、“专业公司”（market professional）三个时代；美国学者赫斯蒙德夫则在借鉴威廉斯成果的基础上提出，20 世纪 50 年代以来，由于文化生产的劳动分工越来越复杂，所以宜用“专业复合”（complex professional）概念来取代“专业公司”，以更恰当地描述当前文化生产中占统治地位的形式。[①] 文化生产是文化市场的基础性因素，所以上述

① 〔美〕赫斯蒙德夫：《文化产业》，张菲娜译，中国人民大学出版社，2007，第 57～59 页。

两位学者的研究，以及德国桑巴特、法国鲍德里亚、美国考恩等学者的相关研究，为本书对现代文化市场形成历史的描述，提供了基本概念和视野。

至于推动现代文化市场形成的动力机制，虽然有技术、经济、文化等复杂因素，但本书倾向于借鉴20世纪七八十年代以来逐步成型的“演化经济学”观点，即每隔一定时期出现的新技术集群，是社会演化和经济增长的根本动力——“我们认为当一个特定技术体制（这里是大规模生产体制）达到极限时，必须改变其制度和社会框架”。[①] 而文化作为给新技术集群提供支撑结构的子系统之一，其现代市场的形成显然也应在此“技术—经济范式”的覆盖之下，所以，要探究现代文化市场形成的历史动因，我们必须回答的一个问题是——

文化生产的通用技术是什么？

面对这个问题，我们显然又与本雅明相遇了——他将这个问题的答案“域定”在复制技术上。以复制技术域的演进为线索进行梳理，并借鉴其他相关研究成果，我们大致可以将现代文化市场的形成过程，刻画为如下四个发展阶段。

（一）“人工复制”与前现代供养制阶段

从人类早期的摹画、摹写、制模及铸造，到19世纪平版印

① 〔英〕弗里曼、〔葡〕卢桑：《光阴似箭——从工业革命到信息革命》，沈宏亮主译，中国人民大学出版社，2007，第312页。

刷、照相术出现以前，人类复制技术一直没能突破自己身体的物理局限——手动印刷机其实也没能突破这一局限。明确此点，有助于解释为什么印刷术公元600年左右就在中国出现；木制凸版印刷机1439年就在德国被制造了出来，而前文化市场阶段的“供养制”作为主流体制一直延续到了19世纪。

因为“人工复制”技术使文化生产高度依赖身体技能，而相关生产技能与农业等一般生产技能相比又高度稀缺，结果“几个世纪以来，一直是数目很小的作者面对成千上万的读者”；[①] 更为关键的是，人工复制没能突破人类身体的物理局限，“数目很小的作者”在一定的时间、空间，实际上也只能“面对”数目很小的受众；这就要求“数目很小的”受众具有很强的经济能力，才能“供养”得起他们面对的文化创作者。

虽然对文化创作者实施“供养”的人，被18世纪作家塞缪尔·约翰逊在《英文辞典》中定义为：“通常是一个以傲慢态度施舍资助、获得阿谀奉承的回报的坏蛋”，[②] 但他们中的一些人还是颇有眼光，“例如，西班牙的腓力四世便雇用了委拉斯开兹作为自己的宫廷画师。与之类似，法国的路易十四宫廷支持了莫里哀，德国的魏玛、克滕和莱比锡等城市雇用了约翰·塞巴斯蒂安·巴赫担任它们的乐师。”[③] 所以，“供养”的效率往往取决于

---

① 〔德〕本雅明：《机械复制时代的艺术作品》，单世联编选《文化产业研究读本（西方卷）》，上海人民出版社，2011，第18页。

② 〔美〕考恩：《商业文化礼赞》，严忠志译，商务印书馆，2005，第84页。

③ 〔美〕考恩：《商业文化礼赞》，严忠志译，商务印书馆，2005，第48页。

“供养”者。

只是，因可供求助的人一般情况下寥寥无几，故文化创作者如果找不到具有同情心的“供养”者，便无法从事自己的事业。结果“大多数作家依赖赞助，要么是受到政府喜欢的奴仆，要么是富有贵族的儿子。女性作家或少数民族作家得到的机会甚少”。[①] 值得注意的是，在各种“供养制”模式中，家庭化“供养”是具有比较优势的模式，例如，在19世纪的法国，大多数重要艺术家（至少在其事业的某些阶段）是依靠家庭资金为生的，“这份名单上的人包括德拉克洛瓦、柯罗、库尔贝、修拉、德加、马奈、莫奈、塞尚、土鲁斯-劳特累克、莫罗”；[②] 在18世纪的中国，古典小说的巅峰之作《红楼梦》，实质上也是在家庭化的“供养”模式下产生的。

所谓“供养制”，是指诗人、画家、音乐家等被政府、贵族或富裕的亲友资助、保护、支持的一种体制。这种体制直到19世纪早期在东西方都占据着统治地位，在今天也还通过诸如介入文化链条的“非营利机构”等，继续保持着对文化市场的影响。

在供养制阶段，可供流通的文化产品和服务非常昂贵。例如，“在美国殖民地时期的1760年，一本低档教材的价格是一双上等皮鞋的两倍；购买一套斯摩莱特的《英国通史》的钱可以买到80双皮鞋、6头牲畜或30头猪。普通劳动者工作两天，才能挣到购

① 〔美〕考恩：《商业文化礼赞》，严忠志译，商务印书馆，2005，第93页。

② 〔美〕考恩：《商业文化礼赞》，严忠志译，商务印书馆，2005，第23页。

买一本教材的钱，要工作144天才能挣到购买一套斯摩莱特编写的《英国通史》的钱”。[①]

与产品和服务昂贵的价格相适应，此阶段相关产品和服务的消费及评价也并非依据自身价值，而是处在少数有权有势者的控制之下——常常是被政治精英们所操纵。“供养”者慧眼识珠奖励优秀文化产品和服务的想象，大多数情况下是一种神话；“供养”者之外的消费者被创作者等相对忽视，却是实情。

另外，文化监管因素在这一阶段也是不容忽视的。在第一个现代化国家英国，“历史学家习惯把英国新闻史概括为报业反抗王室及政府压制逐步走向独立的斗争史，而这部斗争史的主线，是由‘星院法’的废除、特许出版制的终结和‘知识税’的废止等标志性事件构成的”。[②] 可见，前文化市场阶段后期，西方文化监管逐渐放松的趋势是明显的。而在东方的中国，文化监管虽因朝代更替的因素而有强弱之分，但总体而言，在封建制发展后期的元明清等朝代，对文化的监管有强化趋势。东西方在迈入现代前于文化监管方面的这种差异，是双方以不同速度形成现代文化市场的原因之一。

在以“供养制”定义、以“人工复制”技术支撑的此阶段，由于整个文化链条局限于人类身体技能，所以文化得以积淀的时间长度，往往成为文化产品和服务水平高下的尺度。此阶段的领

① 〔美〕考恩：《商业文化礼赞》，严忠志译，商务印书馆，2005，第67页。

② 唐亚明、王凌洁：《英国传媒体制》，南方日报出版社，2007，第28页。

先国家是四大文明古国，尤其是唯一的文明没有被中断过的中国。

（二）“机械复制”与文化产业阶段

19 世纪的复制技术域内，以平版印刷、照相术为代表的“机械复制”新组件出现了，人类文化链条首先在生产环节突破了自己身体的物理局限，导致可供流通的产品和服务的数量、种类急剧增加，价格大幅下降——以大规模生产和消费为特征的文化工业/产业（两者在西文中往往有单复数区别）出现了。其典型标志是廉价大众化报纸，如美国的《纽约太阳报》（1833 年）、《纽约先驱报》（1835 年），法国的《新闻报》（1836 年）、《世纪报》（1836 年），英国的《每日电讯报》（1855 年）等相继创办。

“廉价报纸”因其“廉价”而有意将新的收入来源——文化营销者广告商引入。例如，美国第一张获得成功的“廉价报纸”《纽约太阳报》就在创刊号上宣称：本报的宗旨，“是在每个人都能支付的价钱下，将一天中发生的所有的新闻奉献在公众面前，同时也给刊登广告提供一个便利的工具”。[①] 可见，文化生产者开始有消费者本位（关注消费者购买力）的意识，这是文化生产者主要从消费者身上赚钱的自然结果；而且，从《纽约太阳报》的宗旨来看，文化生产者亦已开始顾及文化营销者广告商的利益。

从消费者变迁的角度看，廉价大众化报纸把随工业革命出现

① 〔美〕阿特休尔：《权利的媒介》，黄煜、裘志康译，华夏出版社，1989，第 53 页。

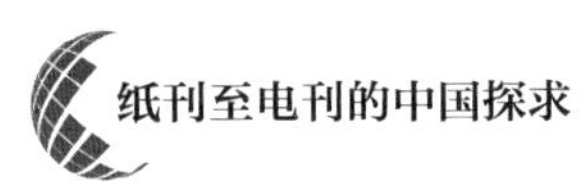

的“蓝领阶层”纳入日常文化消费者行列；“牧师、邮政人员、经理、市政官员、簿记员以及来自日益壮大的中产阶级的其他人为了自己欣赏音乐而购买钢琴”；[①] 文化消费者整体扩大了，但因为阶层更加复杂，消费者品位的“高雅”和“粗俗”也开始有了分野，而这种分野导致了文化产品、服务进一步分裂为“大众”的和“精英”的。“精英”知识分子对“大众”文化产品、服务的“沉沦”非常悲观，“其中最悲观、最有影响的是法兰克福社会学派主要成员阿多诺。他创造了‘文化工业’一词描述大规模生产范式对艺术作品的影响”。[②]

在此阶段，成功的文化创作者不仅开始获得“独立的职业地位”，[③] 人数逐渐增多，且其行列中出现了不少女性身影。“在19世纪出版作品的英国小说家中女性占了一半”。[④] 正是“供养制”衰落——因男性比女性拥有更好的政治、经济关系而曾几乎独占被“供养”位置，和技术进步导致的材料费用下降——“在19世纪，妇女突然可以利用她们的空余时间作画，不用在材料上支付过高的费用”，[⑤] 导致了成功文化创作者中女性数量的稳步上

---

① 〔美〕考恩：《商业文化礼赞》，严忠志译，商务印书馆，2005，第173页。

② 〔英〕弗里曼、〔葡〕卢桑：《光阴似箭——从工业革命到信息革命》，沈宏亮主译，中国人民大学出版社，2007，第305页。

③ 〔美〕赫斯蒙德夫：《文化产业》，张菲娜译，中国人民大学出版社，2007，第58页。

④ 〔美〕考恩：《商业文化礼赞》，严忠志译，商务印书馆，2005，第82页。

⑤ 〔美〕考恩：《商业文化礼赞》，严忠志译，商务印书馆，2005，第26页。

升。另外，文化创作者在此阶段获得了更多的自由：“在19世纪末期……摄影设备的价格急剧下降，冲印照片也变得更加容易了。摄影者们很快用上了手持相机，而且拍摄之后再也不用立即冲洗照片了”；而且，“印象派画家没有要求法国沙龙立即接受自己，抽象表现主义画家们即使在只有佩吉·古根海姆一个人愿意买画时也能够继续其创作活动”；可见，无论在创作手段上，还是在创作品位上，文化创作者的自由度也增加了。

而且，文化监管因素在此阶段也发生了变化——“在19世纪中叶，自由主义的理论渐趋成熟，自由主义的新闻体制也在西方各国先后确立”。自由主义理论化为了一些文化监管方面的基本操作原则：“政治上和经济上的独立性原则，新闻自由的界限问题上的（社会控制）法制化原则，以及传递信息内容上的市场化、多样化原则。”[①] 尽管许多西方学者也承认，所谓“新闻自由”其实只是报业主等有产者的自由，但时至今日，自由主义理论及其操作原则仍在左右着西方的文化监管，相关政府政策习惯于采取无为而治的策略。

文化产业阶段的领先国家，有英国、美国、德国、法国等。由于廉价大众化报纸的出现除技术因素外，还需要教育普及等基础性条件，所以我国真正意义上的廉价大众化报纸是在改革开放后的晚报热、都市报热中才出现的，竟比领先国家晚了近一个半世纪！

① 唐亚明、王凌洁：《英国传媒体制》，南方日报出版社，2007，第34页。

（三）“电拟复制”与地缘文化产业阶段

以录音、电视扫描为代表的电拟复制技术，以“新组件”的身份构成复制技术域的第二次结构深化——在人类文化链条的传播环节突破了地理空间的局限。这使超越国家界限的“地缘文化市场”（geoculture market）出现，从而为文化企业大型化和跨出国门在有众多文化联系的一定区域内发展（即“地缘文化产业”的出现）提供了可能。关于“地缘文化市场”，赫斯蒙德夫曾做过这样的形象描述：“一个生活在英国的印度裔妇女可能会感觉到自己是母语为英语的地缘文化市场的一部分，她会对英国、美国和澳大利亚的大部分节目感到亲切。然而，她也可能感觉自己属于一个由印度本土和阿拉伯湾等地的印度移民社区所构成的地缘文化市场。”[①] 依托地缘文化市场的地缘文化产业滥觞于20世纪初，但到20世纪50年代以后急剧扩张。自那时起，地缘文化产业经过大型化、集团化（横向一体化）、纵向一体化等发展历程，市场集中度越来越高，逐渐形成三类基于协同效应的大企业居于统治地位的局面：媒介集团（The media conglomerate），拥有一系列核心媒介利益，如新闻集团；休闲集团（The leisure conglomerate），除了对媒介感兴趣以外，还对酒店、主题公园等其他休闲项目也很感兴趣，如迪斯尼公司；信息/传播公司

---

① 〔美〕赫斯蒙德夫：《文化产业》，张菲娜译，中国人民大学出版社，2007，第212页。

(The information/communication corporation)，即媒介、电信和计算机公司之间相互合并、收购，并在相关市场参与深层次集中化运作。[①]

在大型企业中工作的文化创作者（如记者），即便“在日常工作中表现得相对自主（所有者和执行者赋予他们自主权），他们也不能摆脱为公司追逐特殊利益而工作的压力；而且，他们的日常自主权也是由他们所为之服务的组织的总体利益决定的”。[②]而文化创作分散的、去中心化的本质，决定了在接近创作的领域，小公司所占市场份额虽较小、不占统治地位，但相对于大企业在复制、营销等环节有比较优势，它们在将原创纳入产业化方面有一定比较优势，所以仍有继续生存的空间，且其中的文化创作者更具自主性（当然也会承担保障更少等风险）。

无论如何，文化创作者的自主性都得受制于一种新崛起的要素——文化营销者，因为在地缘文化产业阶段，文化消费者大批量的注意力开始成为商品，广告等营销业务的重要性空前提高，广告主本位（关注消费者注意力）意识开始在一定程度上取代消费者本位（关注消费者购买力）意识，成为此阶段文化生产者、营销者的主导意识。广告等营销业务成为大型文化企业营利的重要形式，广告本身也成为一种重要的文化形态。

---

① 〔美〕赫斯蒙德夫：《文化产业》，张菲娜译，中国人民大学出版社，2007，第164～165页。

② 〔美〕赫斯蒙德夫：《文化产业》，张菲娜译，中国人民大学出版社，2007，第191页。

从消费者变迁角度看，随着西方发达国家的“白领阶层”（如专业人士、管理经理、技术人员等）在数量上开始超过流水线上工作的“蓝领阶层”，一种消弭了“高雅”和“粗俗”界线的“流行”意识开始主导文化消费者的品位。“消费逻辑取消了艺术表现的传统崇高地位”，文化被系统世俗化，被“去魅”了。“这是一种疯狂的野心：取消、超越整个文化的大事记录（及其根基）”。[①]

文化监管因素在地缘文化产业阶段发生的变迁是：因为用来传播广播讯息的频率非常有限，所以即使在美国这样有很强反管制传统的国家，人们还是普遍接受了政府对波段的分配——只有如此，广播公司的波段之间才不会相互重叠；电视出现以后，因最初也依赖无线电波传输节目，故大多数国家对电视也进行管制。但是，到20世纪80年代，新自由主义兴起，且新的电缆、卫星技术克服了电磁谱资源有限问题，致使市场特定管制形式的合法性受到质疑，结果许多崇尚国家控制、国家所有权传统的国家，也启动了市场化、自由化政策。在管制政策的这一轮变迁中，大型文化企业的利益被有意识地移入了。此点一直没有被足够揭示和重视。

此阶段的领先国家，是美国、德国、苏联、日本等。广播在新中国建立后的20世纪50年代开始普及，电视则在改革开放后

① 〔法〕鲍德里亚：《消费社会》，刘成富、全志钢译，南京大学出版社，2008，第104～105页。

的20世纪80年代才开始普及，比领先国家又晚了二三十年。

（四）“数字复制”与全球文化产业阶段

20世纪90年代中期，以文字、声音、影像的数字复制技术为代表的“新组件”大规模进入复制技术域，开启了该域的第三次结构深化历程，即相关技术在文化创作环节，突破了人类想象力的局限，开始能够自主“拟像”；并在文化消费环节，通过实时移动互联（如GOOGLE眼镜等可穿戴设备）突破了原有的时间、空间局限。这导致了重大变迁。

首先，作为文化产品的文字、音频（如一首乐曲）、视频（如一段动态影像）在生产、传播成本方面原来由低到高的明显梯度被打破了，曾经生产和传播成本最高的“视频”，变为了最简单、最便宜的文化产品形式。试想：一个尚不具备读写能力的小孩，现在完全可能用iPhone拍一段视频，然后上传到视频网站上；但我们不可能指望这孩子同时也能写出一段故事。这意味着，阻挡地缘文化产业发展为全球文化产业的最后一个障碍——语言文字，在相当程度上已被跨越，以全球文化产业定义的全球文化市场，已成为技术发展的内在逻辑要求。

其次，文化生产与消费的边界开始模糊，工作与休闲的边界开始模糊，继“蓝领阶层”“白领阶层”之后，“创意阶层”（又称“无领阶层”）开始崛起：“我们的创意思想反过来也决定了我们的休闲爱好。因为我们通过自己的创意对经济发挥作用，也由此将自己定义为‘创意人’。”[①] 这导致文化生产和消费成为社会的中心，创意成为人类最根本的经济资源。

面对上述变迁，文化创作者开始发展一种受众欲望本位意识，即关注对受众欲望的刺激、挖掘；文化生产、营销者的主导意识则开始由广告主本位（关注消费者注意力）意识，向“信息受众量”本位（关注抢先占足够受众数量）意识转移，因为虽然“足够数量”并不能保证创造出价值，但它开始成为新兴的以全球文化产业为内在逻辑要求的创意经济创造价值的前提。[②]

全球化和融合趋势（包括文化形态的融合、相关公司产权的融合、传播系统的融合等）[③] 对文化监管构成了相当大的压力。一方面，一国之内文化市场阻碍兼并、融合的政策壁垒有被削弱的趋向；另一方面，国际政策机构（如欧盟、东盟、世贸组织等）的重要性不断加强。但是，在现实市场发展中，为了避免美国文化产业成为全球文化产业，保护文化多样性，一些国家（如加拿大、法国等）在国际政策机构对全球文化产业发展方向提出了质疑，并采取了切实保护本国文化产业的措施。

值得注意的是，在2008年6月底，我国互联网民数量达到

① 〔美〕佛罗里达：《创意阶层的崛起》，司徒爱勤译，中信出版社，2010，第200页。

② 〔美〕艾文斯、沃斯特：《裂变：新经济浪潮冲击下的企业战略》，刘宝旭等译，上海远东出版社、五洲传播出版社，2000，第148页。

③ 〔美〕赫斯蒙德夫：《文化产业》，张菲娜译，中国人民大学出版社，2007，第263～264页。

2.53 亿，首次大幅超过美国，跃居世界第一。迈特卡尔定律（Metcalfe's Law）认为，网络价值与网络使用者数量的平方成正比。[①] 按此定律推理，2008 年以后，我国网络价值已是世界第一，这使我国具备了在全球文化产业阶段成为领先国家的基础。

二　产业变迁：文化产业传统、新兴业态有不同趋向

（一）行业：传统业态扩向“娱乐”，新兴业态聚于“网络”

互联网技术从 20 世纪 90 年代中期开始产业化；而著名的《财富》杂志从 1995 年起，开始发布包含美国和其他各国企业在内的综合性世界 500 强“榜单”，所以，“榜单”上文化产业企业及其所属行业的变化，较清晰地折射出了传统及新兴业态行业变迁的趋向。

1996 年的“榜单”上有 11 家文化产业企业，即出版印刷业 5 家：贝塔斯曼（德国）、日本印刷（日本）、凸版印刷（日本）、拉加代尔集团（法国）、新闻集团（澳大利亚）；娱乐业 3 家：沃尔特·迪斯尼（美国）、维亚康姆（美国）、哈瓦斯（法国）；度假休闲业 2 家：日本交通公社（日本）、万豪国际（美国）；及其他行业（广告）1 家：电通（日本）。可见，当时的文化产业行业景观是：出版印刷业是龙头老大，其后依次为娱乐业、度假休

① 该定律是由以太网发明人罗伯特·迈特卡尔（Robert Metcalfe）提出并以其名字命名的。

闲业、广告业。

2000年“榜单”上仍有11家文化产业企业，即娱乐业5家：时代华纳（美国）、沃尔特·迪斯尼（美国）、新闻集团（澳大利亚）、维亚康姆（美国）、西格拉姆（加拿大）；出版印刷业4家：贝塔斯曼（德国）、拉加代尔集团（法国）、日本印刷（日本）、凸版印刷（日本）；及其他行业（广告、度假休闲）2家：电通（日本）、日本交通公社（日本）。可见，在世纪之交，文化产业的行业景观发生了重要变迁：1996年时的第一（出版印刷业）和第二（娱乐业）易位，第三（度假休闲业）和第四（广告业）易位，娱乐业成为了新霸主，度假休闲业被广告业追上；新闻集团1996年时属于出版印刷业，而2000年时转入了娱乐业，这反映出了一种纵向扩展动态。

2012年的“榜单”上文化产业企业只有8家，即娱乐业5家：沃尔特·迪斯尼（美国）、新闻集团（美国）、时代华纳（美国）、株式会社马汝汉（日本）、贝塔斯曼（德国）；网络服务业2家：亚马逊（美国）、谷歌（美国）；及其他行业（度假休闲）1家：途易（德国）。其中显示出的行业景观变迁更为复杂了：首先，1996年时位于第一、2000年时位于第二的出版印刷业消失了！而“新兴业态”网络服务业迅速崛起——成为了第二。其次，娱乐业的优势越来越明显——在“榜单”中占5/8，且其中的“新兴业态”游戏产业（如日本的株式会社马汝汉）开始崭露头角，但其实力仍不及同属“新兴业态”的网络服务业。再次，贝塔斯曼步新闻集团后尘，由2000年时所属的出版印刷业，转入

2012 年时所属的娱乐业，进一步显示出版印刷业等“传统业态”的纵向扩展趋向是移向“娱乐”。

文化产业行业发展趋向要求我们在针对传统业态的产业政策上要高度重视娱乐业，并注意引导现有条件成熟的传统业态“航母”适时向娱乐业扩展；在针对新兴业态的产业政策中，注意引导有关企业向网络服务业、游戏业拓展。

（二）内容：传统业态主要“做”，新兴业态主要“汇”

目前，文化产业新兴业态中最具实力的网络服务业，就是靠“汇集”传统业态内容产品起步的。例如，2012 年《财富》500 强“榜单”中该行业的“老大”亚马逊，最初是做网上书店的；“老二”谷歌的起步技术叫“Page Rank”（页面级别），望文生义就可知其主要业务方向。因此，新兴与传统业态间存在着紧张关系，有关官司此起彼伏。移动互联网发展起来之后，由于一些新兴业态运营商在“汇集”传统业态的内容产品时，开始主动付费（如中国移动手机阅读的“分成”经营模式），其间紧张关系才有所缓和，但新兴业态主要“汇”内容的趋向没变。

出于技术原因，文化产业新兴业态在“汇”内容方面，有着传统业态难以企及的优势。例如，在互联网上发行的“中国期刊全文数据库”收录了国内 8200 多种期刊（目前总数有 9800 多种）的全文信息，这是任何一种纸质“文摘”期刊不可能容纳的。鉴于此，传统业态中“汇”内容的品种，如“文摘”类书报刊明显难有发展前景。发行量曾是美国第一的“文摘”期刊《读

者文摘》已两度申请破产，就是这一趋势的明证。我国市场上目前“文摘”类报刊仍大行其道的原因复杂，其中文化市场发育水平低，著作权保护水平低，以及人口基数大、人口老龄化（传统业态仍有巨量受众）等，应是重要原因。但随着文化市场发育水平的提高和一些特殊因素的淡化，由技术这一客观因素决定的发展趋向终究难以抗拒。此形势逼迫文化产业传统业态必须断“汇”内容之臂，而向“做”内容方向求生，尤其是迈向内容“付费金字塔”（营销大师西斯·戈迪将内容分为免费、大众、稀缺、预约4个价值由低到高的层次）的“塔尖”求生。

文化产业内容产品发展趋向要求相关部门：一方面，认清国家文化软实力的增强，离不开传统业态健康发展的事实——传统业态蓬勃发展，“内容增量”才能繁盛；新兴业态发展再快，也主要是更充分地汇集“内容存量”。另一方面，引导传统业态企业在“做”内容方面下工夫，促进其内容产品向稀缺化、预约化方向转型升级；引导新兴业态企业在“汇”内容时依法依规操作，规范文化市场秩序。

（三）受众：传统业态指向“情感经济”，新兴业态基于“参与文化”

文化产业传统业态的内容产品日益稀缺化、预约化，这些成本高昂的产品要完成再生产循环，就必须有人支付相应的高价。在“福特制”（以大规模生产、消费为特征）时代，消费规模可以将高价摊薄至受众可承受；而在“后福特制”（以弹性生产、

消费为特征）时代，单品种消费规模下降，使得商家先“垫付”内容产品费用（明显高于一般意义上的广告费用），然后再从高度情感化的受众产品——“粉丝”身上捞回“垫付”费用并赢得超额利润。自20世纪90年代“粉丝”开始被商家重视、扶持以来，这逐渐成为文化产业传统业态完成再生产循环的理想模式。这一模式在中国生根，以2005年电视真人秀节目《超级女声》（以《美国偶像》为蓝本）取得巨大成功为标志。此后，继起的《非诚勿扰》《我是歌手》《中国好声音》等真人秀节目能持续吸引大量商家蜂拥而至进行“品牌植入”，说明相关“垫付”行为确实物超所值。粉丝作为受众产品，其情感强度和持续性决定了有关商家的利润水平，这就是文化产业传统业态指向“情感经济”的简明逻辑。

某种传统业态内容产品的粉丝数量可以不惊人，但他们能为有关商家提供最强有力的利润形成机制；与之相比，新兴业态的网络化、数字化技术特征，及主要靠“汇”制造内容产品的特征，使其受众产品在情感强度、形成利润强度方面无优势，但在规模、开放性等方面则有巨大优势，也就是说，只要有足够的受众“参与”，即使是“众声喧哗”，即使是“快进快闪”，新兴业态也可据此“参与文化”而完成自己的再生产循环。例如，维基百科全书就是由各国网民自由参与编写的，截至2013年1月，其条目数第一的英文版已达415万条。可见，这种数字时代的“参与文化”促进了个人创造力的表达，呈现一种互助共享的社群状态，构成文化产业新兴业态的基调。

要顺应文化产业受众产品趋向，就应容许传统业态企业发展“情感经济”，新兴业态企业提倡“参与文化”，因为基于高情感性的新型“粉丝”经济，是构建我国现代文化市场体系不可或缺的；而基于高科技性的公开、包容、共享型文化，也是增强我国的文化软实力所必需的。

三　本书横向分析框架说明

如果梳理“历时性”电刊史可被理解为“纵向”分析，那么探究其“共时性”再生产环节则可被理解为“横向”分析。而且，从前述“纵向”分析及两个“顶层”问题分析也可以看出，文化产业的“历时性”和“共时性”观察各有其价值和侧重，应结合进行。所以，本文在确立“共时性”横向分析框架时，遇到的核心问题是：如何理解期刊产业的再生产环节？

（一）国外相关理论：文化流程、文化圈

英国开放大学（Open University）书系《文化、媒介与认同》在引述马克思生产与消费关系论述的基础上，提出了揭示文化各方面之间互联关系的“文化流程”理论（见图3－1）：理想化的文化流程包括生产、消费、管制、文本、认同五个基本环节，且每个环节都与其他环节互动。这一理论的优势在于对文化相关因素考虑的逻辑周延性，但对于本文的横向分析来说，这一理论在与期刊产业结合的紧密性方面有欠缺。

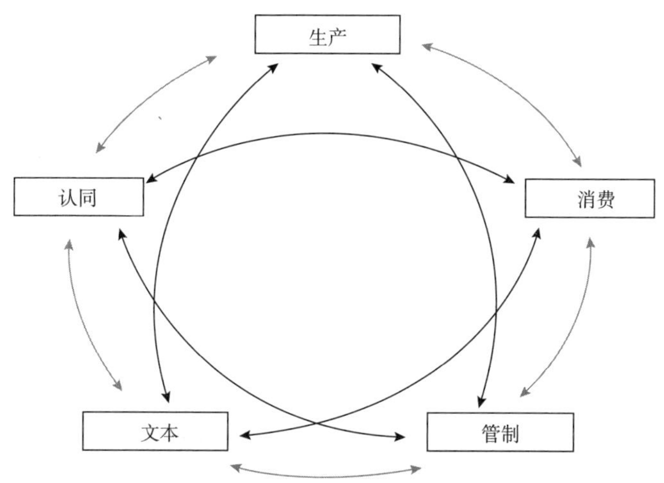

图3－1　基于马克思生产与消费论述的文化流程

联合国教科文组织在《文化统计框架—2009》中提出“文化圈”理论。[①] 将其所定义并试图加以测量的文化活动分成五个阶段，包括创造、生产、传播、展览/接受/传递、消费/参与。这五个阶段既是循环相因的过程（任何一个阶段都可以是起点，见图3－2），又是交叉连接的网状模型（由于新技术的作用）。该模型有助于阐明所有文化活动之间的相互关系，并能够增进我们对不同文化流程之间关系的了解。

“文化圈”理论与“文化流程”理论相比，生产与消费两环节相同，但前者强调传播、展览环节，而后者的管制视野则是前者没有的，所以把两者结合起来，应该可为考察文化活动提供更为详尽的视野。而这正是本文的横向分析所需要借鉴的。

① 在BOPConsulting提交的初步研究中（UNESCO－UIS，2006a），对国家和地区分类系统的分析显示，一些联合国教科文组织会员国已经采用文化周期的概念。

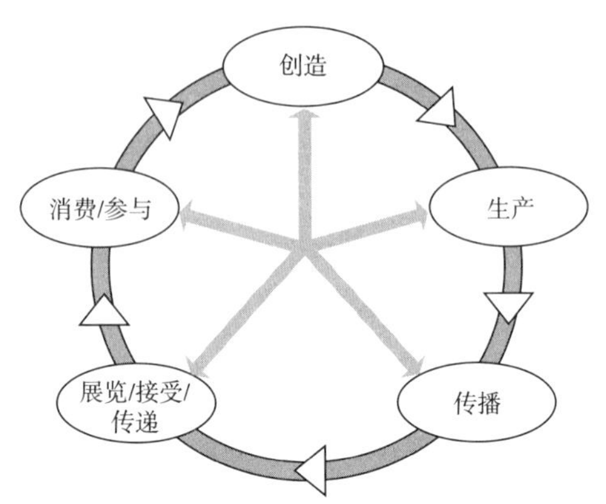

图 3-2 基于“文化圈”理论的文化活动相互关系

（二）国内相关理论：文化再生产、生产性文化服务业

高书生提出的文化再生产理论（见图 3-3）认为，[①] 经济学上把循环往复的生产过程称为物质再生产，文化传承和创新周而复始的延续过程也可视为一种再生产，即文化再生产。与物质再生产不同，文化再生产包括创作、生产、传播和消费四个类别。作品是创作的成果，经过生产转化为产品，借助传播变成商品从而进入消费。从作品到产品再到商品，文化再生产各类别呈现关联性和继起性。可在此基础上进一步提出文化产业包括的类别：一是文化创作生产（简称内容生产），二是文化传播渠道，三是文化生产服务。而且，文化产业是文化和经济融合的产物，它离不开国民经济体系的支撑，并因此派生出文化装备制造、文化终端制造两个产业。另外，在文化和经济融合过程中，文化产业也不会处于被

① 高书生：《如何认识文化产业》，《人民日报》2013 年 2 月 8 日第 007 版。

动地位，它能渗透于国民经济各行各业，与制造业和现代服务业相融合，文化产业将会增加一个新类别，即生产性文化服务。

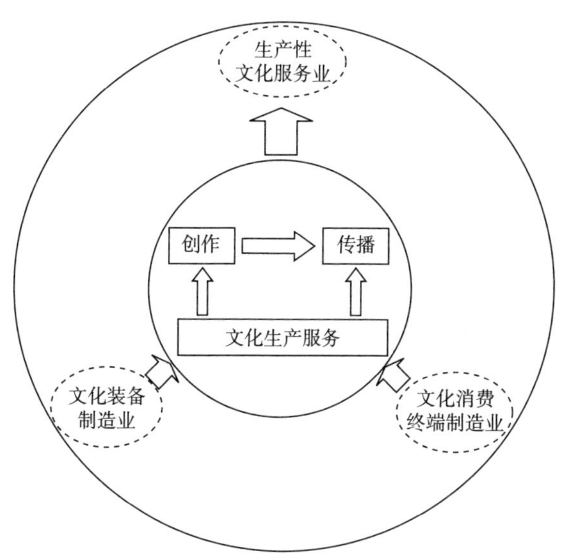

图3－3　基于文化再生产理论的文化产业关联

从生产性文化服务问题切入，张晓明等学者指出，生产性文化服务业是文化产业发展的较高级阶段，是指通过提供中间产品，满足生产性需求的文化服务业。其特征主要包括：深度的产业融合性，广泛的产业关联性，突出的文化创意性，明显的地域差异性。从发展的阶段性来看，文化产业发展经历了消费性服务业为主的阶段（满足消费者最终精神文化消费需求），生产性服务业为主的阶段（满足相关产业的生产性服务需求，为越来越多的相关产业提供高文化附加值，台湾将此称为“文化加值产业”），及文化经济融合发展的阶段（所谓“体验经济”时代）。

对文化产业发展阶段性的区分，深刻揭示了期刊产业目前三种营利模式（分别以第一、第二、第三次售卖为主），是产业发展不同阶段产物的实质。期刊产业的第一次售卖，是卖刊物（包括纸刊和电刊）；第二次售卖，是把第一次售卖获得的受众注意力资源出售给广告主；第三次售卖，是出售期刊的品牌资源，及利用品牌资源发展出的衍生产品。以第一次售卖为主要营利模式的期刊，如《读者》《故事会》等，是文化产业在以消费性服务业为主阶段的产物；以第二次售卖为主要营利模式的期刊，如《时尚》《瑞丽》等，是文化产业以生产性服务业为主阶段的产物；以第三次售卖为主要营利模式的期刊刚刚露出端倪，如新出现的一些品牌化、互动特征突出的自媒体电刊，则应属于文化经济融合发展阶段的“体验经济”时代。

显然，明确上述问题，对更深刻地理解期刊产业的再生产环节，有着直接的帮助。

（三）本书横向分析框架说明

本书认为，期刊产业的关键再生产环节可以概括为设计、制作、行销、消费、管制五个。这样概括原因如下。

第一，这样概括较充分地吸纳了期刊的发展经验。期刊工作传统上被概括为编辑、印刷、发行三个环节。本书把“编辑”调整为“设计”，一方面是因为编辑的本质就是一种设计，另一方面是因为编辑无法概括目前期刊工作中必需的“定位”设计等工作；把“印刷”调整为“制作”，是因为电刊的出现，已使得“制作”环节的工作内容远远超出了“印刷”；把“发行”调整为“行

销”，是因为“发行”仅能概括期刊的第一次售卖，而“行销”则可以将期刊的第一、第二、第三次售卖都涵盖其中。

第二，这样概括较大程度融入了上述国内外相关理论提供的开阔研究视野。本书概括的五个环节，比传统概括多出了消费、管制两个。增加消费环节，重要原因之一是期刊趋于锁定特别具体的受众群体，从而产生参与度很高的媒体利用率，这是其媒体特点，所以期刊消费环节的研究对期刊产业来说是不可或缺的。增加管制环节，则是因为从历史来看，管制的变迁对文化产业的产生和发展有着巨大的影响；且从现实来看，这种影响一如既往地巨大。

第三，这样概括较好地顺应了技术进步的内在趋势。例如，技术的发展使期刊的设计、再设计频度越来越高，重要性越来越大，而这正是本书概括的五个环节中把“编辑”调整为“设计”的重要原因之一。再如，网络技术的发展使受众与编者互动、消费与生产融合成为一种趋势，而这则是本书概括的五个环节比传统概括增加了消费环节的另一个重要原因。

第四，这样概括较深刻地揭示了期刊产业和国民经济体系之间的关系。例如，从“行销”这一环节的发展阶段性来看，分别以第一、第二、第三次售卖为主要营利模式的发展历程，就揭示了期刊产业与国民经济体系之间融合、互动关系越来越深入的事实。

第四章　设计：差异化，追寻过渡时期的生存空间

亨利·列菲弗尔（Henri Lefebvre）在《空间的生产》中指出，思想则通过设计而道成肉身；设计成为智识活动（发明）和社会活动（现实化）之间的中介者。对于期刊产业乃至整个文化产业而言，由原创进入产业的第一个环节，就是设计。

一　传媒定位设计历程：依次为决策者、受众、广告主、信息受众量本位

传媒定位的概念有着相当深厚的营销学理论基础。营销学中有一整套不断发展的定位理论，从产品至上、形象至上，到定位至上，再到跨位、再定位、整合行销等理论，均为传媒定位提供了理论支持——其基本思想是差异化，专一化，全面成本领先。所谓差异化，是指在读者、广告或是发行层面，能和竞争对手相

区别；专一化，是指传媒定位确定后，就要在操作中专心为特定的目标市场提供产品和服务，而决不能摇摆不定；全面成本领先，则是指只要传媒在人员、营销等一系列综合成本上低于对手，就能在收入水平相近的条件下获得竞争优势。

（一）从决策者本位，到受众本位

营销学至今有重大影响的成果，是美国西北大学教授唐·E·舒尔茨创立的整合营销传播理论（Integrated Maketing Communications，简称 IMC）。IMC 的创新在于，它比其他理论更加彻底地转向了消费者导向。舒尔茨说："行销即传播"，其意是，IMC 的实践需重建营销的整个框架。该理论之于传媒营销定位的主要影响，是加强了消费者导向——受众本位意识。

整合营销传播理论虽然指出传媒定位的重要向度：要有受众本位意识，即把受众放在信息消费者的位置来考虑，努力办受众心目中的媒体，而不是传媒决策者心目中的媒体。但是，对于传媒产业而言，受众并非唯一的"金主"，尤其是对于以第二次售卖（卖广告）、第三次售卖（卖品牌资源等衍生品）为主要营利模式的媒介来说，只强调受众本位显然是有局限的。于是，新兴的注意力经济理论，进一步充实了传媒定位的理论基础。

（二）广告主本位，关注受众注意力

麦克尔·哥德海伯 1995 年发表的文章"Attention Shopper"指出，目前正在崛起的网络"新经济"，本质上是"注意力经

济”。此种经济形态最重要的资源，既不是传统意义上的货币，也不是信息本身，而是相对于信息的无限供给而言非常有限的需求——注意力。因人的信息接收主要靠视觉，所以又有人把注意力经济称为“眼球经济”。

注意力经济理论深刻揭示了媒介的第二次售卖——广告的本质：它表面上是“信息经济人”，实为“注意力经纪人”。广告费购买的就是受众的注意力。但应注意的是，从复制技术进入以录音、电视扫描为代表的“电拟”阶段后，以第二次售卖（卖广告）、第三次售卖（卖品牌资源等衍生品）为主要营利模式的媒介就已逐渐兴起，麦克尔·哥德海伯所说的以“注意力经济”为特征的“新经济”，其实在复制技术进入以数字、网络技术为代表的“数字”阶段以前，就存在并发展起来了。

（三）信息受众量本位，关注率先达到足够数量

复制技术进入“数字”阶段后，真正新出现的商业模式是搜索“领航者”，与之相应，产生了“信息受众量本位”的营销实践和理论。

所谓搜索“领航”，指在买方和卖方之间迷宫般的路途中，提供一条捷径。[①] 在复制技术进入“数字”阶段以前，做搜索“领航者”就已经是门生意，如海报、广告牌、黄页等产品，以

① 〔美〕艾文斯、沃斯特：《裂变：新经济浪潮冲击下的企业战略》，刘宝旭等译，上海远东出版社、五洲传播出版社，2000，第134页。

及书店导购员、电影评论人和演艺经纪人等提供的服务，都发挥着“领航”功能；但是，只有在复制技术进入“数字”阶段，信息经济从实物经济中分离出来以后，搜索“领航”的范围才第一次不再与实物意义上定义的生产者、分配者相关联。“领航”被重塑为单独的实体，现存企业对利润的主要来源开始面临失去控制的风险，而这意味着新的职能、新的行业和新的竞争机会。例如，期刊业开始出现中文科技期刊数据库（维普核心产品）、中国期刊全文数据库（中国知网核心产品）、飞丽博（Flipboard）这样的影响力越来越大的搜索“领航者”。

在众多行业中，“领航者”开始占据更多价值；而在旧的价值链处于解构之中的过渡阶段，几乎任何的专业化选择都比紧抓住陈旧的一体化商业概念要好。在期刊产业中，我们看到美国的《读者文摘》《新闻周刊》等曾经最受期刊人尊敬的品牌，因不够“专业化”而或倒闭或被迫转型，变得那么脆弱、那么不堪一击；而与此同时《经济学人》《连线》等“专业化”期刊却在网络冲击的风浪中继续获得发展。

信息受众量，是指参与交换信息的人数。这个概念对信息经济来说至关重要——前述迈特卡尔定律（Metcalfe’s Law）认为，网络的价值与其使用人数的平方成正比。参与交换信息是更进一步的“使用”，所以迈特卡尔定律的一个推论可以是：网络的价值与其信息受众量的平方成正比。而且，关于“信息受众量”概念目前已有两个基本命题：第一，足够数量是价值创造的前提，但是并不能保证创造价值；第二，足够数量与信息经济决定的领域相关，但与实物经济决定的领域无关。[①] 这样，在信息经济中，如果信息受众量对消费者/受众来说很重要，那么具有最大信息受众量的“领航者”便会具有比较优势。因此，目前对于“领航者”来说，为数不多的清晰战略之一，就是追求率先达到足够数量——信息受众量本位。事实已经证明，率先达到足够数量的竞争者可能腾飞，而其余所有竞争者因缺少别的竞争方式，最终往往销声匿迹。例如，无论美国的谷歌，还是中国的百度，其发展历程都验证了这一点。

综上所述，传媒定位有传媒决策者本位（相对忽视受众）、受众本位（关注受众购买力）、广告主本位（关注受众注意力）、信息受众量本位（关注率先达到足够数量）等类型，它们在时间上存在某种继起性，在空间上呈现一定的由中心（领先国家和地区）向边缘（落后国家和地区）扩散的趋势。

二　纸刊的规避替代策略：做内容整体化的专业“领先者”

在“数字复制时代”，出现了这样一种可能：几乎所有人都可以发布任何内容。没有出版社你也能出书，没有唱片公司你也可以出唱片，没有艺术馆也可以卖出艺术品……对于纸刊的生产者来说，首个应激性的反应是：如何避免被替代？

---

① 〔美〕艾文斯、沃斯特：《裂变：新经济浪潮冲击下的企业战略》，刘宝旭等译，上海远东出版社、五洲传播出版社，2000，第87页。

（一）领先：回避免费、大众内容，只做“稀缺”以上内容

由于生产周期和传播范围的局限，纸刊必须回避一般网络媒体的免费、大众内容。营销大师西斯·戈迪（Seth Godin）将传媒内容分为4个层次的“付费金字塔”：塔底是“免费”内容，受众可以无偿消费，但其目的往往是吸附受众注意力，为付费内容做铺垫；往上是“大众”内容，其成本和收费都较低廉，一直是现当代流行文化的引擎；再往上是“稀缺”内容，因较少见，故价格更高；塔尖是“预约”内容，非常有限，所以价格昂贵。目前，做“大众”内容的纸刊品种已越来越难以生存（如著名的美国《生活》杂志倒闭即一例）；而近些年在我国一些城市和行业兴起的“直投”纸质期刊（如以展示淘宝网“淘代码”为特色的《淘宝天下》），也并非在做“免费”内容，只是其所做付费内容的付费方由受众置换成了广告商、品牌资源购买方而已。

“付费金字塔”中“稀缺”以上层次内容到底什么样？我们不妨以美国期刊《哈泼斯》（*HARPER'S*）2009年11月号上的一篇封面文章为例加以说明。此文标题为《最后一版：美国报业的黄昏》（Final Edition, Twilight of the American Newspaper）。按一般的想象，写报业困境的文章，一定会大谈数字出版、互联网冲击等，然而这篇长达9页的稿子，硬是只在一处提到了“computer technology”和“Internet”，通篇都是从报纸与一个城市的关系切入，来反思当今的变化。文笔、内容完全不落俗套，给读者崭新的感觉。

怎样才能持续地生产出“稀缺”以上层次的内容?《哈泼斯》的资深编辑拉潘姆（Lewis Lapham）曾在一篇文章里这样表述过该刊的“哲学”：针对问题，但绝不给出寻常的答案，而是寻找人们在《时代周刊》和 NBC 上都看不到的更多的可能性。可见，《哈泼斯》很清楚它的读者群在哪儿，不会去追求更多的“眼球”，只专心为一个数量有限但稳定存在的群体做好内容服务就够了。

此“哲学”正是在“数字复制时代”，这本有着 150 多年历史的期刊仍能长盛不衰的“秘诀”。

而在不远的未来，也许只有做到“稀缺”以上层次内容的纸刊品种，才有希望在高速融合的传媒链条中得到发展。这就是纸刊在内容上“领先”的实质。

（二）专业：专注特定层次、信息、实物功能等，绝非“行业化”

为了与垂直媒体基于互动定制的“推送”内容相比具有优势，纸刊在内容“吸引”力上必须更上层楼。为达此目标，“专业”化是目前具可行性的不多手段之一。

例如，在市场上来自著名纸刊的“坏消息”越来越多之际，英国名刊《经济学家》（*The Economist*）却星光璀璨，格外引人瞩目。它 1843 年创刊，至 2014 年已 171 岁。这位刊界“老者”在创刊 30 周年时，发行量达到 3000 多本（在当时的英国已很可观）；1938 年其发行量超过 1 万册，其中海外读者占了 50%；其

发行量突破10万是在1970年；越过100万是在2005年；在金融风暴肆虐的2009～2010财年，该刊税后利润仍上涨了1%，至3800万英镑（约4亿人民币）；[①] 时下，其纸质版每期发行量已达140万本，网站访问人数每月超过了400万！

《经济学家》面世以来何以能不断突破自我，且在“名门”同行于新媒体的冲击下大多在走下坡路之际仍能继续发展？该刊总裁海伦·亚历山大（Helen Alexander）指出：“我们是观点纸（Viewpaper），不是新闻纸Newspaper。”翻开《经济学家》周刊，其每期首页上都印着的箴言是：“加入一场严肃的竞赛：让奋力前行的智慧战胜阻碍我们进步的卑劣而心虚的愚昧。”170多年来，该刊就是在此独特理念的引领下，潜心耕耘于经济学这一特定领域，以独特化、深度化的“专志”内容，吸引了越来越多受众的阅/观行为，进而在市场上赢得了主动。

《经济学家》等刊闪耀的纸刊希望之光，不禁让我们联想起了昔日名刊“陨落”时留下的“背影”——“其他期刊正在专门化，而《生活》依然大众。”这是美国时代集团旗下名刊《生活》停办时，其主编的总结。

正反两方面的例证，指向同一个答案：做“专志”（即“专业化”）以增强内容“吸引”力，避免做“杂志”。这既构成了纸刊相较于垂直媒体基于互动定制的“推送”内容的优势，亦是微期刊区别于一般微博、手机期刊区别于手机报等其他手机媒介

---

① 许宏：《〈经济学人〉为何独树一帜?》，《看天下》2010年第21期。

的媒体特性。

需要引起注意的是，“专业化”绝非“行业化”。在当前旧价值链趋于解构的过渡时期，“行业”越来越显露出其“人为结构”的特征，所以纸刊的“专业化”是指将内容集中于特定层次、特定信息、特定实物功能等方面，而绝非目前占统治地位但正遭到信息经济攻击的行业结构。目前，大多数“行业”纸刊的日子并不好过，正是“专业化”绝非“行业化”的现实注脚。

（三）整体化：重视以“编排关联”为特征的整体内容质量

纸刊内容整体化，是指其内容编排关联。这是纸刊针对成熟电刊“网络全文数据”替代威胁的又一应激性策略。

目前，电刊受众一般被搜索“领航者”（如“中国知网”的“中国期刊全文数据库”）带到一系列单篇文章面前。这些文章组成“系列”的逻辑在于与搜索有关的“关键词”等，而与所来源的期刊品牌发生了实质上的“断裂”。在这种阅读现实下，纸刊除了彻底抛弃以单篇文章内容质量管理为主的理念，而选择另一种以“编排关联”为特征的整体内容质量理念外，基本上别无他途。在以“中国知网”的“中国期刊全文数据库”为代表的成熟互联网屏幕电刊出现以前，纸刊在运作中实际上存在以关注单篇稿件的内容质量为特征的“单篇定稿”理念（许多学术期刊偏重此理念），和以策划性的“编排关联”为特征的整体内容质量理念（一些大众期刊偏重此理念）。这两种理念各有其内在合理性和运作的有效领域。但是，在以“中国知网”为代表的成熟互联

网屏幕电刊出现以后，那种认为只要每一篇稿件的内容质量好，则刊物整体内容质量自然好的“理念”，已因其高度可替代性，而对纸刊不再适用。

与“单篇定稿”理念相比，重视以“编排关联”为特征的整体内容质量的纸刊，因以策划逻辑将每一篇文章之间相关联，且注重栏目及整本刊物的表达、风格、思想的同一性，具有文章间的相互照应，整体形成更高水平结构和思想的特征。对于此类纸刊，受众倘若使用“全文数据库”搜索“领航”后，去阅读其单篇或单栏目文章，必然会造成一定的内容质量及阅读体验损耗，所以能较有效地抵制成熟互联网屏幕电刊“全文数据库”的阅读替代。

三　电刊从内容上成功定位：做信息受众量占优的搜索“领航者”

这是一个搜索的时代，我们误以为自己是百度、谷歌等搜索“领航者”的用户，但实际上我们是其待售的商品。这一幕在期刊产业中再次上演，只不过主角变成了依托纸刊产生的“网络期刊全文数据库”，和依托社交媒体产生的以期刊格式获取信息的应用飞丽博（Flipboard）等。

（一）成为搜索“领航者”的两种模式：依托纸刊，依托社交媒体

先来谈一下依托纸刊产生的“网络期刊全文数据库”，我们

不妨以在中国较早出现的该类产品“中文科技期刊数据库”（维普核心产品）为例。

“中文科技期刊数据库”的开发始于1989年初，开发主体为科技部直属西南信息中心。最初，该数据库只有文献（章）的篇名、作者名，且产品载体是5英寸软盘，用户使用时需10多个小时，才能把软盘中的数据库安装到自己的计算机中。

从1992年开始，其中文数据库研制启动，且内容增加了文摘数据；当年，国内第一个用中文检索的数据库被该单位研制成功，并被制成了CD－ROM。此技术获得了国家科技进步三等奖等诸多奖项。

1997年初，该单位将开发文献全文数据库事宜提上议程。当年7月，科技部直属西南信息中心的数据库开发中心（也叫第二研究室，或文献室）被定名为维普公司，采用“一套班子两块牌子”的方式运作。1999年下半年，“维普”决定出“中文科技期刊数据库”全文版。

2000年1月，该公司将30多种期刊1998年刊登的2000篇文献作为源文件，开始尝试制作“中文科技期刊数据库”全文版；3月，“中文科技期刊数据库”全文版演示盘试制成功；7月，西南信息中心文献馆收藏的7000多种期刊1998年刊登的2000篇文献作为源文件的“中文科技期刊数据库”全文版完成；10月，“中文科技期刊数据库”全文版生产出第一批正式光盘产品。

2000年底，全国2000多家期刊杂志社、编辑部以侵犯著作权、版式设计专有使用权为由，向北京市第一中级法院起诉指控

“维普”。这 2000 多家期刊杂志社、编辑部之所以能共同起诉“维普”，从 1995 年起做“中国期刊全文数据库”的相关单位起了组织协调作用。[①] 因为从制作程序上来说，两个数据库当时都是扫描纸刊后出光盘，而做“中国期刊全文数据库”的相关单位同各个杂志社都签有协议，可“维普”却没做此项工作。相关诉讼的过程和结果，对中国电刊在著作权问题上的处理影响很大，本文会在谈“管制”的第八章里详细介绍。

同样是 2000 年，维普资讯网（http：//www.cqvip.com）建立。2005 年，维普资讯网和搜索引擎提供商谷歌（Google）进行战略合作，成为谷歌学术网站最大的中文内容提供商。2008 年，维普资讯网的注册用户数超过 300 万，累计为受众提供了超过 5 亿篇次的文章阅读服务。截至 2014 年，维普的“中文科技期刊数据库”已具有自主研发的中文搜索引擎技术、大型数据库检索技术，期刊总数达 12000 余种（其中核心期刊 1957 种），文献总量达 3000 余万篇，且实现了中心网站的日更新。

可见，“中文科技期刊数据库”的成长过程，见证了一家电刊依托纸刊，先做电脑屏幕上的软盘期刊、光盘刊期，再做互联网屏幕上的“网络期刊全文数据库”，成为搜索“领航者”的全部历程。

---

① “中国期刊全文数据库”于 1995 年正式立项，由清华大学光盘国家工程研究中心（OMNERC）、中国学术期刊（光盘版）电子杂志社（CAJ EPH）、清华同方光盘股份有限公司（TTOD）、清华同方教育技术研究院（TTETI）等单位联合建设。

而与“中文科技期刊数据库”依托纸刊成长的模式不同，飞丽博（Flipboard）则展示了一种依托社交媒体成为搜索“领航者”的模式。

飞丽博的灵感来自其创始人迈克·麦丘（Mike McCue）在飞机上阅读多本杂志的经历——他有次突发奇想：“为什么不能把这种体验带到电脑上去呢?”苹果电脑的前工程师、飞丽博的联合创办人伊万·多尔（Evan Doll）则表示，他们首先想到的一个实验，是如何重新设想网页浏览器——大家都很喜欢杂志，因为其视觉效果极佳；同时，大家也喜欢看评论，因为它能够沙里淘金；而这些东西，怎么能够以某种方式结合起来呈现呢?

直到 iPad 面世，迈克和伊万的构想终于得以实现。

2010 年 7 月 22 日，作为一款基于苹果 iPad 和智能手机系统 iPhone OS、Android 的社交阅读软件，飞丽博（Flipboard）正式出现在苹果的 App Store 中，并迅速受到热捧——被苹果公司评为“2010 年度最佳 iPad 应用”。2011 年，飞丽博已经从诸如 Twitter 的联合创始人杰克·多尔西（Jack Dorsey）、著名演员阿什顿·库彻（Ashton Kutcher）等名人那里得到了 1000 万美元的资助。

飞丽博的独特之处，在于它“反其道而行之”———把社交网站结合专业媒体做成了一本“期刊”。

具体来说，首先，它把“推”的战略变成了“拉”。飞丽博出现前，Pluse、Zite 等传统的新闻聚合应用，大多是根据受众行为分析，向受众“推”相应内容。与之不同，飞丽博的内容都是依据用户设定的关键字，从关注对象那里“拉”取的——当然，

这需要强大的计算能力来支撑。飞丽博有一套自己的逻辑来选择关联性最大的内容，排除掉不重要的“杂讯”。它紧紧跟随用户的兴趣，通过了解用户在 Facebook、Twitter 上关注的人和事，以及转发、评论的文章数量，来判断内容的重要性。例如，那些有大量评论、被很多人转载、有很多人关注的内容，会被认为是重要的信息而推荐给用户。飞丽博早在成立之初，完成了对实时网络智能公司 Ellerdale 的收购。Ellerdale 开发出了一种网络智能应用，能把语义分析应用于大量的实时信息流，以帮助用户“拉”取相关有价值的信息。在飞丽博里，文字、图片、视频等各类元素都被重新排列组合，读者感觉像是在用它编辑一本自己的杂志：当你点击一篇文章，它会放大去显示更多内容；点击一个视频，就能够在文章内播放；当你导入自己的 Facebook 好友时，他们的照片和状态信息，都会显示在布局精致的页面里……

飞丽博变“推”为“拉”的成功战略实践表明，“推”的战略是高搜索成本的必然产物，要降低此成本，“推”可以让位于“拉”的战略。

其次，它把“公共入口”模式改为了“个人入口”。在“数字复制时代”媒介资源相对过剩、受众资源相对稀缺的情况下，呈现给用户便利的“网络入口”是吸引受众的关键。飞丽博的 DIY 内容模块，可以“一站式”解决所有资讯来源问题，既是功能强大的超级媒体平台，也是用户贴身的、形影不离的网络入口。飞丽博一定程度上改变了传统网络的信息结构，将碎片化的内容重新黏合了起来，而语义和数据关联在其中扮演了“胶水”的角色。

这让人们看到了 Web3.0 的希望，即通过在数字阅读领域将“公共入口”模式改为“个人入口”模式，把分散的受众重新黏合起来。

2011 年 12 月，飞丽博进入中国，并同新浪微博、人人网、时尚传媒集团在内的诸多媒体、出版商进行版权合作。

2012 年 6 月，飞丽博说服了报业巨头《纽约时报》，令它破天荒地第一次将《纽约时报》网站的完全访问权授予第三方——飞丽博。截至 2012 年 8 月，飞丽博的用户数已达到 2000 万，每月翻页量（flip）突破 30 亿次，被誉为数字出版的“杀手级”应用。

飞丽博所取得的成功，演绎了电刊成为搜索“领航者”的另一种模式：依托社交媒体。当然，飞丽博目前还面临建立自己的营利模式等问题，相关问题本文会在随后谈“行销”（见第六章）的章节里讨论。

（二）电刊“汇”内容需要考虑的 5 个主要问题

纸刊是一种内容打包、无法分拆，卖刊（第一次售卖）和卖广告（第二次售卖）可以并行的媒介。但在网络环境下，内容被分拆后重新聚合，受众在被重组，电刊为了成为搜索“领航者”，在以“汇”为主要内容生产手段时，该关注哪些主要问题呢？

1. 用户提供内容与编辑部主导如何平衡？

作为“交互性”特征的体现，目前用户提供的内容被纳入电

刊等媒体的大致有两类：一是普通用户所发布的“评论”，二是专家在媒体议程之外所发布的内容。它们在多大程度上被纳入媒体，一方面取决于媒体的态度；另一方面取决于可操作性手段。

在媒体态度方面，并不存在重大争议——即大多数媒体对采用用户提供的内容持开放态度，问题是实践这一进程的可操作性手段目前尚欠优化、改进。网络媒体当前的障碍在于，虽然网络让用户更容易接触媒体，也更容易在媒体上做出反应，但用户提供的内容的整体手段，却仍处在待发掘阶段。这是网络媒体的潜在机会点。

过去通常认为，1% ~5% 的人创作内容，而其他人消费内容；但进入“数字复制时代”以后，网络媒体不仅通过拓展受众的消费时空（如“谷歌眼镜”），扩大了内容消费，而且通过在创作环节突破人类想象力的局限，打破创作和消费的区隔，而扩大了内容创作人群。

面对这一趋势，如果存在诸如维基百科那样的共同创作平台和操作手段，那么知识百科这类的内容当然可由非编辑部来主导创作；而对于有“定位”设计的媒体来说，更多纳入用户提供内容会不会降低媒体“质量”的担心，显然不是多余的。因此，对电刊来说，用户提供内容与编辑部主导取得平衡的关键是：可操作性手段，包括技术手段和基于相关技术的流程手段。

2. 如何让内容产生“黏性”？

2009 年，催化剂集团（Catalyst Group）推出了一项研究，比较索尼 PRS－700 与 Kindle2 两款阅读器的用户偏好。研究结果显示，用户的期待与其对设备的直接体验存在一定的差距；用户希望无缝购物体验、轻松启动使用、很低的价格等，而满足这些希望的关键要素是优质的用户交互性。具体来说，此关键要素的可以分解如下。

首先是“有用性”，即电刊提供内容的方式或内容本身有用。调查显示，许多人认为电子阅读器最重要的功能，是它能够方便地将很多图书、期刊下载到单一、紧凑且较轻的设备上。随着 iPad 等移动互联设备的广泛流行，越来越多的图书、期刊可以获取，这种趋势越来越显著，这种提供内容的方式越来越深入人心。“中文科技期刊数据库”等网络全文数据库能迅速站稳脚跟，“飞丽博”等电刊应用能迅速赢得大量用户，原因首先在于其提供内容的方式或内容本身与传统方式相比是“有用”的。

其次是“一致性”，即电刊在各种屏幕上（如 iPad、iPhone 上）所传递给受众的体验，应当是某种可持续的、标准化的使“品牌”得以生成、构建的“一致性”。在这方面，以“做”内容为主的许多成功纸刊虽有其保持内容质量“一致性”的经验，但对以“汇”内容为主的电刊来说，相关经验的可借鉴性不够，它们必须自己探索。例如，目前不少电刊都为其内容提供“剪辑”功能，但“剪辑”究竟针对什么呢？是针对某一页，还是针对整篇文章？而一页里面又有文、图、音频、视频、版式等多种媒介元素，“剪辑”功能是针对所有元素呢，还是只针对某种元素？目前的一般状况是，电刊中即便有剪辑功能存在，也不是很明显。受众必须自己发现它，然后了解怎么用。而如果电刊能够

提示读者注意这种功能，并提供某种标准化的“一致性”体验，那么电刊的推广情况完全可能更好些。

再次是“简单性”，即电刊必须在用户友好方面下功夫。专家们经常告诫基于软件应用的新媒体：你可以为受众做的最好事情，就是让每个新进程都有为受众提供的引导。因为软件本质上是一个迎宾者，当受众开始使用一种媒体，与走入一家饭店吃饭是一样的，如果有一位优秀的迎宾员为他解答各种问题，周到地考虑他的需求，那么他就有很大的可能再次光顾。电刊要借鉴这种迎宾服务有很多方式，比如弹开式窗口、进度指标、图形演示等。而现实是，目前作为一个新媒体（如 Kindle、iPad 等）的用户，你必须设法对付整个系统，这导致没有太多的精力用在了解、熟悉设备上。每个新的 Kindle 用户，都不得不搞清楚究竟怎么操作设备，而在没有任何帮助的情况下，要很快熟悉 Kindle 是很难的。再如，你在网络上好不容易找到了一本书想看书的电子版，但是接下来得花九牛二虎之力，才能将这本书传输到 iPad 上。在此过程中，目前还没有明显的提示，来帮助你自动适应这个产品。关注受众是否能够理解一个进程，并不是一件微不足道的小事，它很可能是一件“大事”——如搜寻财务信息，或订阅/注册一本电刊……

总之，一次成功、令人愉悦的互动，往往是那种能够吸引住人的“黏性”的基础，这与几百年前一个手工艺人开发一件新工具没什么两样——他不断地改进，直到新工具拥有一项功能，可以使用好几个小时，并且有很强的控制性，于是这新工具才具备了坊间推广的可能。一些今天不具备黏性的产品，可能随着人们的不断改进而跟上潮流，具有黏性。

3. 相关技术工具必须被纳入流程吗？“默会”知识与流程能在多大程度上固化、演进？

网络带来的变化，是技术工具贯穿内容生产、消费的整个流程，内容受技术驱动的程度越来越高。例如，现在电刊内容的接受率是可以被直接测量的，虽然相关数据可能不全面，但再也无法像纸刊的“估算”那样被忽视。

而且，随着移动互联设备通过相关技术工具，正在向内容生产设备转变，所以技术工具的研发，已不再是次要的任务，而是必须拥有自己的独立位置。

另外，纸刊时代保证作品质量的“默会”知识与流程，通过技术工具的覆盖，是否更容易传递、固化、演进了呢？因为相关知识与流程可以分为非创造性的、创造性的两类，所以，对此问题的回答也分两种情况：对非创造性的部分，重要的是简化、固化，努力形成固定操作流程，尽可能采用技术手段来替代人为因素，以保证质量、避免错误；而对创造性的部分，则需通过组织的重构、人才的培养，即通过人与人之间的相互吸引、影响，来促进创意增殖。

4. 采用“品牌伞”，还是“新品牌”？

电刊的内容行销在品牌方面目前有两类趋向：一类是延伸固有品牌至电刊，并以此“品牌伞”覆盖所有内容；另一类是构建新品牌，服务于新进入的细分领域。

前者的代表是《福布斯》（*Forbes*）电刊，它在互联网屏幕上较为成功。其操作模式，是把福布斯品牌沿用到期刊和榜单之外，允许它认证的外部专家以福布斯名义写作文章，形成利益分享机制、内容网络。表面上看，福布斯仅是将其内容品牌扩展为专业内容、专家内容；实际上，这两个部分所采用的内容生产逻辑、经济逻辑是不同的：在专家内容部分，通过浏览数据来给专家付酬，采用的是分享逻辑；而专业内容部分，则很大程度上延续了纸刊的付酬模式。当然，采用分享逻辑的付酬模式正在扩张至更多领域。

从国内电刊市场的情况来看，各期刊社做的电刊，基本采用了“品牌伞”策略。以2011年5月31日“读览天下”的iPad点击率为例，排在前10位的电刊为：①《新周刊》，②《电脑报》，③《理财周报》，④《新世纪》周刊，⑤《漫友》，⑥《意林》，⑦《百花悬念故事》，⑧《南方人物周刊》，⑨《摄影之友》，⑩《看天下》，全是将传统期刊品牌延伸至电刊的品种。[①]

而选择“新品牌”战略，如为在移动互联网屏幕上的内容创立新品牌等做法，则可通过移动互联网破除过去的束缚，以全新的方式思考机会。这种做法的代表，是一些不再采用读者付费的传统做法、作者付费的“开放获取”做法，而是走“新路”的电刊。如英国的《化学教育研究与实践》，就是一份既不

---

① 李慧云：《电子期刊的核心竞争力：品牌与内容价值》，《出版广角》2011年第7期。

向作者收费也不向读者收费的电刊。该刊编辑出版的所有费用都由英国皇家化学学会教育组赞助，任何人都能在网上免费阅读。这为学术类电刊的发展提供了借鉴——学术期刊电子化之后，成本大降，这使得向所在学科的学会组织、教育科研部门申请完全的资金支持成为可能；而且，采取此运营模式，一方面让学者能免费、快速地刊发其最新研究成果，另一方面令受众也能享受免费的学术资源。这无疑有助于促进相关学术成果的有效传播及演进。

5. 目标是维系既有用户，还是尽快扩大信息受众量？

应该说，这实质上并不是可选择的，因为进入数字复制时代的电刊，必须尽可能多地触及用户，即扩大信息受众量。对于既有传媒机构来说，唯有以十倍甚至百倍的现有用户为目标，才能说明数字业务应当被视为独立的业务，而非原有业务的附庸。这个问题之所以被提出来，是因为既有传媒在发展电刊等数字媒体时，往往为既往思路、投入限额以及操作手段所限，而不自觉地选择了维系既有用户的错误目标。而这样的选择，会无法抓住新机遇，浪费宝贵的资源。

（三）电刊“做”内容的突破口——视频

在我们进入数字复制时代（20 世纪 90 年代中期开始）之前，文字、音频（如一首乐曲）、视频（如一段动态影像）在生产、传播成本方面的梯度是很明显的。这种梯度扩展到商业领域表现为：相比于影视制作商、音乐制作人，期刊出版商将产品投入市

场所面临的资本障碍要低很多；音乐制作人在这方面居于中间位置；影视制作商所需要的基础设施，则掌握在极少数“守门人”手中。

但进入数字复制时代之后，随着设备性能与带宽不断提升，曾经是生产和传播成本最高的媒体类型——视频，变得有可能成为最便宜的媒体形式了。例如，现在一个普通人（前述极端的例子是尚不具备读写能力的小孩），也完全可能用智能手机拍一段视频，然后上传到移动互联网上，但此人很可能无法用文字、声音流利地表述出一段场景。这意味着，当带宽与设备在技术上已经不存在局限性的时候，文字、音频、视频在生产、传播成本方面的原有梯度会发生结构性的变化，而这势必会重构出版、音乐和影视产业。这种重构现在已露出端倪：在线视频消费已经在蚕食电视收视率、电影上座率；传统广播也出现了一些成功“反扑”的案例；文字生产和传播原有的巨大优势正在减弱。

技术进步使得“视频”改变原有媒体成本结构的最新例证，是一款名为 Ziggeo 的应用服务：人们打开 Ziggeo，就可以通过任何电脑、智能手机直接摄制网络录像。今后，在筛选求职者信息、选择未来室友，及了解约会对象时，Ziggeo 都可以发挥其长处——能够呈现比文字、音频更多且更真实的信息。对许多文化产业行业来说，这类技术进步将带来深远影响。

就目前情况来看，视频内容的生产者可分为个人和机构两块，机构主要有传统电视台、电信运营商、视频网站等。其中的视频网站，在发展过程中正逐渐向“电刊”靠拢。视频网站的发展，经历了从UGC模式（用户生产内容），到竞相争夺热播影视剧的网络视频版权，再到目前的PPC模式（专业化内容生产）的历程。

从总体情况来看，有机构估算，2013年、2014年中国在线视频市场规模分别达到179.1亿元、225.0亿元。[①] 2014年，包括爱奇艺、优酷土豆、搜狐视频、腾讯视频在内的视频网站，都纷纷发力“做”内容——当年各大视频网站对网络自制剧的投入规模达到1亿元，剧集数量较2012年翻番；与此同时，2012年网络自制剧的播放量超过10亿次，2013年全年达到12亿次左右，2014年将近14亿次。

从单个视频网站来看，2014年4月，爱奇艺创始人、CEO龚宇正式宣布“爱奇艺工作室战略”全面启动，首批成立的马东、刘春、高晓松三大工作室，携旗下近30档自制内容项目集体亮相；到2014年6月底，财经作家吴晓波宣布加盟爱奇艺工作室，播出财经脱口秀节目《吴晓波频道》。[②]

从视频网站“做”内容的类型来看，目前主要有综艺节目、网剧及微电影。从其所“做”这三类内容的水准来看，大多已堪称期刊定义所言的“深度内容”。例如，搜狐视频的自制综艺节目《隐秘而伟大》首播48小时就突破1500万播放量，高晓松跨

---

① 陈永东：《中国网络自制剧的机遇与风险》，《数码影像时代》2012年第2期。

② 刘佳：《网络自制剧的春天到了?》，《第一财经日报》2014年7月3日第A14版。

界主持的脱口秀节目《晓说》与潘石屹跨界主持的谈话类节目《老友记之 Mr. Pan》都已热播；搜狐视频组织拍摄的 8 集网剧《夏日甜心》已创下 4 亿点击量；优酷联合中影等打造的“11 度青春电影行动”，总播放量很快就超过了 8900 万次……[①]

这些“深度内容”一般在视频网站上“定期”（如每周）推出，又都有“固定名称”（网站名），具备“技术比较优势”（均依托网络技术），因此，目前的视频网站，已经成为一种不折不扣的“期刊”。

而且，视频网站与源于纸刊的“网络全文数据库”、源于社交媒体的飞丽博（Flipboard）等“汇”内容的电刊相比，其最大的特色是已经开始“做”内容，即利用进入数字复制时代以来文字、音频、视频在生产、传播成本方面原有梯度的结构性变化——曾经成本最高的视频正往最便宜的方向演进，而开始了视频的专业化生产。尽管目前国内著名视频网站的自制内容所占比例一般在 10% 以下，但这是电刊开始“做”内容的值得高度重视的突破口。

以“做”视频为突破口成功的实例是：1994 年在蒙特利尔创刊的独立杂志 *Vice*，目前已主要靠和大公司合作制作视频赚钱。*Vice* 的魅力，来自它为自己打上的与数字原住民亲近的“酷”的标记。默多克执掌的 21 世纪福克斯公司，于 2013 年花 7000 万美元买下了 *Vice* 公司 5% 的股份；而到了 2014 年，福克

① 陈永东：《中国网络自制剧的机遇与风险》，《数码影像时代》2012 年 2 期。

斯、迪斯尼等公司和 *Vice* 谈判一笔交易时，其估值已在 15 亿到 25 亿美元。[①]

四　从技术演化理解期刊形式：纸刊作为“艺术”，电刊作为“玩具”

（一）莱文森技术文化演进三阶段理论视域下的期刊形式设计变迁

保罗·莱文森在其著名论文《玩具、镜子和艺术：技术文化之变迁》中指出，技术演化可分为三个阶段：

第一个阶段，是技术作为玩具。技术在文化中露面时常常是新奇之物，是小玩意、小聪明，所起的作用仅仅类似于玩具；这时，内容被技术压制，相关感知经验是个人的、主观的、高度个性化的，而不是“大众”的。

第二个阶段，是技术作为现实的镜子。到了这个阶段，“玩具”发展成实用的装置；内容的功能高涨，该技术成为现实的记录器，开始占据社会的中心位置；相关感知经验明显成为社会的、客观的、“大众”的。

第三个阶段，是技术作为艺术的接生婆，即这种媒介技术不但能够复制现实，而且能够以富有想象力的方式重组现实；技术

---

① 资料来源：http：//cn. tmagazine. com/film - tv/20140707/t07vice/。

性艺术是非功能性的、主观的，且大多数情况下是群体取向的，受到内容主导，就像现实的代用品一样。

由此可见，超越现实的技术和走在它之前两个阶段的技术，是培养大众文艺的必要条件，但不是充分条件。其余的必备条件也许是各种技术的互动，以及更加抽象的、非技术的社会因素。[①]

从莱文森技术文化演进三阶段理论来观察，当我们阅读一本成熟的纸刊（如《中国国家地理》《瑞丽》等）时，其页面上每一个元素的布局，都有一个特定的目的——你可以从一个故事流动到另外一个故事，你的眼睛可以从一个头条浏览到另一条头条，到照片，到文章导语，再到文章。在成熟纸刊的形式世界里，每一个页面实际都是一个更大整体的一小部分，里面的所有元素都是为了吸引你去读里面的故事。你可以轻松浏览整本期刊，而且，一旦你发现了什么感兴趣的东西，你就能一头钻进去。也就是说，成熟纸刊已在以自己的方式重组现实，它的形式设计已具备“艺术”阶段的种种特征。

但当我们浏览一种电刊，尤其是互联网、移动互联网屏幕上的电刊（如某个期刊全文数据库）时，由于设计者强调导航，强调在每一篇文章之后，都给你提供众多可去的地方，受众阅读成熟纸刊的那种整体感常常就消失了。尤其对于移动互联网屏幕来

① 〔美〕莱文森：《莱文森精粹》，何道宽编译，中国人民大学出版社，2007，第3～15页。

说，由于内容生产由传统的专业生产模式，即一些专业人士为受众生产，而迅速转变为受众参与内容生产模式，其形式设计引发的感知经验，在总体上还相当个性化，尚没有达到获得广泛认同的、客观的“大众”阶段（只有个别电刊如飞丽博等显示出了“大众”性的一些端倪），所以，从莱文森技术文化演进三阶段理论来看，电刊的形式设计还处于“玩具”阶段。

（二）纸刊页面设计“艺术”的3型11式

既然纸刊在形式设计方面已具备“艺术”阶段的特征，那么我们就有必要探讨一下其设计“艺术”规律。做此项工作时，我们不妨以纸刊的页面设计“艺术”（此外还有封面设计“艺术”等），及纸刊的一个主流品种——大众化纸刊为例。

在19世纪末20世纪初时，大众化纸刊的特征已经很明显：“价格低廉、人人可以购买、发行量大、广告多、杂志内容通俗化、大量运用图片，而且特别注重时事”。[①] 在其页面内，包含着两种视觉呈现元素：图片和文字（色彩本质上也是图片或文字）。目前，我国时尚消费类纸刊的图文比例一般在6∶4左右，即图片占60%，文字占40%。

从前述人类视觉文化的阶段演进角度看，图片无疑属于“相片”阶段；而文字作为承载一定意义的符号系统，其前身也是源于自然界的图标，只是在发展的过程中为了提高传播效率才越来

① 张觉明：《现代杂志编辑学》，中国书籍出版社，1987，第62页。

越抽象化了——卡西尔的符号生产理论就解释了这一过程，[①] 所以，如果把文字视为简化的图标，那么图文并茂的纸刊页面，其实就是图片和图标合成的“相片”。相片可将瞬间形象固化长久、大规模复制，纸刊页面正是形象固化长久、大规模复制的产品；相片可以根据需要灵活应用肖像格式、全景格式呈现世界，纸刊也可以根据图文配合的需要，利用“单页”（肖像格式）、“对开”（全景格式）以及进一步的人为分割（依据黄金分割律、井型定律等），灵活地呈现世界，并在演化过程中发展出了一系列高度程式化、精致化的图文配合版式“艺术”——归纳起来大致有3类型11样式。

1. 冲击型，含聚焦式、散射式

“冲击型”图文配合版式，是指“对开”内的图文关系中图占绝对优势的情况（如图4－1）。这种版式可使图片超越“单页”的肖像格式局限，利用“对开”形成的全景格式，以更大的面积跨页充分展示，形成视觉冲击力，从而令纸刊更加顺应“读图”时代。这时，如果图片内容具有核心的视觉焦点（如图4－1内的人物），就属于“聚焦式”；如果图片内容不存在核心的视觉焦点（如图4－2），则属于“散射式”。

① 卡西尔认为，符号的生产是人类文化活动的中心。文化演进以如下两个相互交织的过程为特征：第一个过程是从人类和自然直接交往的关系向中介化关系转化的过程，这期间自然环境被替换为人工环境，而人工环境由符号和语言构成；第二个过程是以符号自身生产方式的转变为特征，包括符号作为图标被制作出来的复制关系阶段，符号不再从自然那里获得相似性的因果关系阶段，和符号表现为纯粹独立创造物的阶段。

当“冲击型”版式内的图片不是铺满全对开时（如图4-1），图片的终止边界如何确定？这就引出了纸刊版面怎样人为分割的问题。常用的分割依据有“视觉中心”原理（“视觉中心”在页面纵向上比等分后得出的“数学中心”高约1/10）、黄金分割律（长与宽的比例为1∶0.618）、井型定律（纵向用2条平分线，横向用2~3条平分线分割单页）等，相关分割所形成的隐形辅助线，便构成了页面内图文的边界。例如，图4-1中大图在左面单页的边界，便运用了黄金分割律。

图4-1　有核心视觉焦点的冲击型聚焦式

图4-2　无核心视觉焦点的冲击型散射式

图片来源：〔美〕Stacey King著《杂志创意设计经典》，任素珍等译，中国青年出版社，2003。

2. 对比型，含大小式、形状式、疏密式、色彩式

“对比型”图文配合版式，是指“对开”内的图文关系中图占一定优势的情况（如图4-3）。这种版式一般用一张肖像格式图片铺满一个“单页”，同时在对开的另一个单页中用不同手段，与此单页图形成强烈对比，从而使整个对开内的全景格式图文给人以鲜明印象。从形成对比所用的不同手段来看，该类型版式主

要分为：大小式（如图4－3），以图片面积大小的不同形成对比；形状式（如图4－4），以图片、图标形状的不同形成对比；疏密式（如图4－5），以图、文排列疏密的不同形成对比；色彩式（如图4－6），以色彩的不同形成对比。当然，这些区分具有相对性，因为有些版式设计会不止用一种手段来形成对比，如图4－6，就在主要以色彩的不同形成对比（色彩式）的基础上，还综合运用了大小式（左页大图与右页小图对比）、形状式（叠加手掌与飞虫对比）、疏密式（左页密与右页疏对比）。

图4－3　以图大小形成对比的对比型大小式

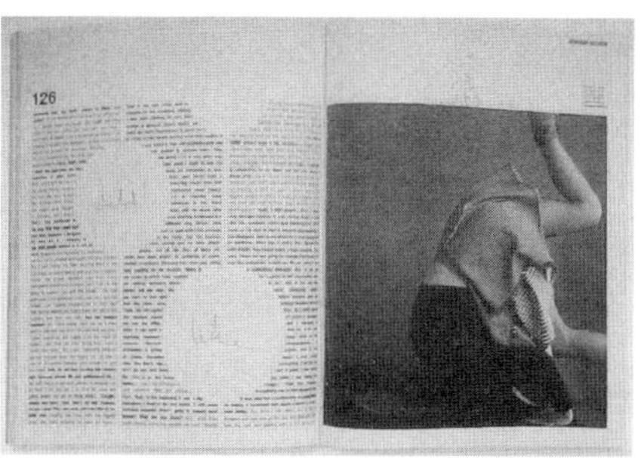

图4－4　以图形状形成对比的对比型形状式

图4－5　以图文疏密形成对比的对比型疏密式

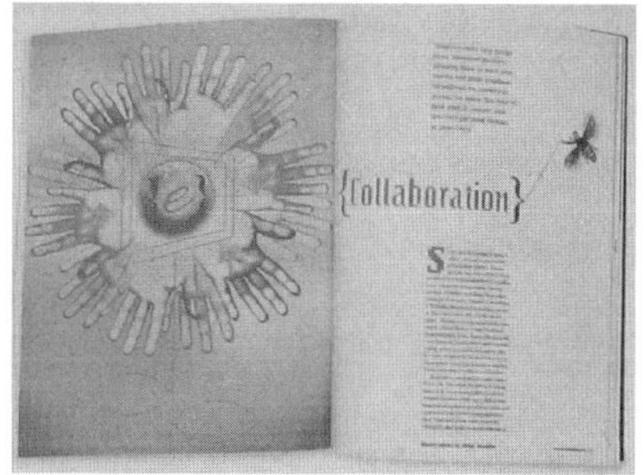

图4－6　以色彩形成对比的对比型色彩式

图片来源：〔美〕Stacey King 著《杂志创意设计经典》，任素珍等译，中国青年出版社，2003。

3. 均衡型，含左右式、上下式、对角式、三点式、多点式

“均衡型”图文配合版式，是指“对开”内的图文关系较为均衡的情况（如图4－7）。阅读实验证明，即使在图文较均衡的情况下，人的眼睛仍然会先看图，所以，该类型版式的设计难点在于如何使图在“灰色块”（在纸刊版式设计中文字被视为“灰色块”）中，安排得更为“生动”。从形成“均衡”所用的不同图、文组合方式来看，该类型版式大致包括：左右式（如图4－7），以图、文在对开内左、右方向的组合形成均衡；上下式（如图4－8），以图、文在对开内上、下方向的组合形成均衡；对角式（如图4－9），以图、文在对开页对角线方向的组合形成均衡；三点式（如图4－10），以图片在对开内的三点式分布（形成经典三角式构图），带动图、文组合形成均衡；多点式（如图4－11），以图片在对开内的多点式分布（往往以一张图片为主，形成环绕式构图），带动图、文组合形成均衡。

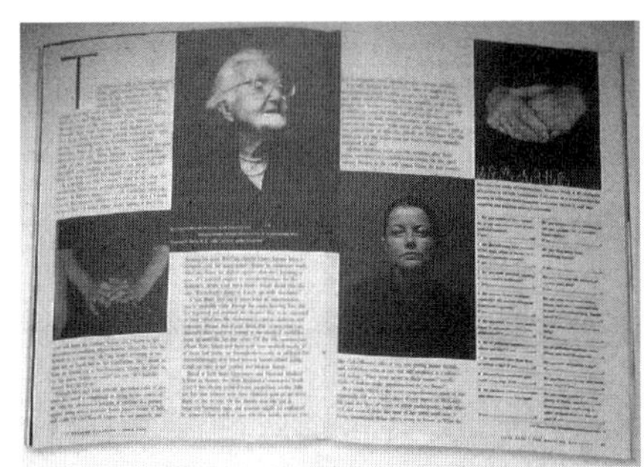

图4－7　左右向组合形成均衡的均衡型左右式

图4－8　上下向组合形成均衡的均衡型上下式

图片来源：〔美〕Stacey King 著《杂志创意设计经典》，任素珍等译，中国青年出版社，2003。

图4－9　对角向组合形成均衡的均衡型对角式

图片来源：同上。

图4－10　三点式分布形成均衡的均衡型三点式

图片来源：同上。

图4－11　以多点围绕主图形成均衡的均衡型多点式

图片来源：同上。

所以，纸刊版面不是普通的“相片”，而是有其图文组织（版式）艺术的“相片”，且“相片”面积一般较大（主流大众纸刊采用16开或大16开本，以便为版式艺术提供足够空间），“相片”材质（用纸、印刷工艺等）与定位契合——如时尚类往往艳丽、财经类常常沉稳。

第五章　制作：从大规模生产，到个性化定制

2014 年，美国最著名的期刊出版商之一时代公司宣布，该公司旗下最赚钱的期刊《人物》，将重新使用高定量纸张——该期刊仍采用亚光纸，且纸张定量将会增加。这一决策所增加的成本将达 100 万 ~500 万美元，但从媒体投放统计（Media Industry Newsletter）的报道来看，《人物》纸刊有底气这样做：2013 年全年该刊有 3110.86 个广告页，比 2012 年全年的 3082.13 个广告页增长了近 1%。而电刊的经营者们，则在行业标准体系亟待完善、出版收益被制作成本消耗、不熟悉的数字化内容制作应外包还是应自制等问题上，纠结不清。上述情况令我们认识到，要想梳理出纸刊、电刊的不同制作（或者说是产品形态）趋向，就有必要把期刊及其制作历程作为一种技术哲学历程进行探讨。

一　期刊及其制作作为“文化技术”的哲学历程

（一）工业革命前，从技术本体论到康德抵达的技术认识论边缘

尽管技术现象有悠久的历史，可在工业革命之前，其变革速度很慢，故其哲学意义曾长期被忽视——当然也有例外，如亚里士多德就在《尼各马可伦理学·技艺篇》中强调，技艺是使一种可以存在也可以不存在的事物生成的方法；技艺的有效原因在于制作者，而不是被制作物。[①] 将技术放在主体（制作者）与客体（被制作物）的关系范畴中予以定位，指出其本质（原因）在于主体，这是明显的技术本体论。再如我国的典籍《庄子》中“庖丁解牛”的叙事，则探讨了“道”与“技”间的关系：“技”之上的“道”，并不能靠逻辑分析确证，而需要在实际操作活动中不断体悟、逐步趋近。这无疑已是在探讨技术现象发生、发展的规律，露出了技术认识论的端倪。

但在真正的技术认识论出现前，哲学家们主要关注的是另一个与“技术”相互缠绕的论题——知识。而且长期以来，我们或者认为技术就是“知识”，或者认为技术是“知识的分支”，是

① 〔希〕亚里士多德：《尼各马可伦理学》，廖申白译，商务印书馆，2003，第171页。

“对知识进行应用”,[①] 尽管目前技术已被令人信服地论证为：是以一种相互建构的方式与知识“堆积在一起的”。[②]

主宰欧洲千年的柏拉图－基督教式悲观主义认为，我们的知识不仅会犯错误，而且总体上无法改进。例如，阿奎那就认为：除了具有一些极不完备的知识之外，我们并不知道上帝的本质；而且，谁也没有足够的知识从知道上帝的本质而证明上帝的存在。[③]

笛卡尔及其追随者，提出了一种与此不同的对人类知识的解释：我们之所以了解外部世界，是因为我们已具有这个世界的知识，而且这知识就在我们的大脑里。这个观点的依据，是无数明显的先天理念可以某种方式，与我们在外部世界中的潜在经验，清晰地联系、匹配在一起。笛卡尔曾就此论述道：“检视我们赖以认识事物而丝毫不必担心会大失所望的那些悟性作用，应该只采用其中的两个，即直观和演绎。我用直观一词，指的不是感觉的易变表象，也不是进行虚假组合的想象所产生的错误判断，而是纯净而专注的心灵的构想，这种构想容易而且独特，使我们不致对我们所领悟的事物产生任何怀疑……使用演绎的方法：我们

---

① 〔美〕阿瑟：《技术的本质：技术是什么，它是如何进化的》，曹东溟、王健译，浙江人民出版社，2014，第244页。

② 〔美〕阿瑟：《技术的本质：技术是什么，它是如何进化的》，曹东溟、王健译，浙江人民出版社，2014，第69页。

③ 〔英〕罗素：《西方哲学简史》，文利编译，陕西师范大学出版社，2010，第238页。

指的是从某些已经确知的事物中必定推演出的一切。”[①]

英国经验主义学派的洛克等人，则认为知识的来源并无先天基础：“我们底一切知识都是建立在经验上的，而且最后是导源于经验的。”[②] 这显然对笛卡尔的先验主义知识观构成了尖锐的批评。

中国古代典籍《大学》中说：“致知在格物。”“格物”按程颐和朱熹的解释是“剖析事物”，按王守仁的解释则是“匡正事物”。[③] 按前者的解释，“致知在格物”属于经验主义范畴；按后者的解释，“致知在格物”则应属于先验主义范畴了。

把经验主义发展到逻辑终点的休谟指出，经验主义对笛卡尔先验主义的批评有其合理性，但经验主义本身在此问题上并非无懈可击：“我们在看到相似的可感性质时，总是谬想，它们也有相似的秘密能力，而且期望它们会生出一些与我们所经验过的结果相似的一些结果来。”[④] 此言实质上揭示出，在从经验到理论的飞跃过程中，人的先天智识提供了“秘密能力”，而经验中则没有这一飞跃的位置。

在工业革命之前，真正把我们带到技术认识论边缘的，是康德。他在《纯粹理性批判》中提出了一个先天知识模型：从逻辑

① 〔法〕笛卡尔：《探求真理的指导原则》，管震湖译，商务印书馆，1991，第 10～11 页。

② 〔英〕洛克：《人类理解论》，关文云译，商务印书馆，1959，第 68 页。

③ 冯友兰：《中国哲学简史》，赵复三译，北京三联书店，2013，第 413 页。

④ 〔英〕休谟：《人类理解研究》，关文运译，商务印书馆，1972，第 33 页。

上看，人的理解力一定要比消极接受知识的能力强得多，因为在理解过程中，理解力必然要把自己的特征强加于被理解的事物。也就是说，我们要提供具体的事例和理论之间那缺失的联系环节。这就通过物质和精神的互动，解除了休谟所言的“秘密能力”与经验之间的紧张关系，从而在一定程度上解决了知识源泉问题：“问题不在于因果概念是否正确、有用，以及对整个自然知识说来是否必不可少（因为在这方面休谟从来没有怀疑过），而是在于这个概念是否能先天地被理性所思维，是否具有一种独立于一切经验的内在真理，从而是否具有一种更为广泛的、不为经验的对象所局限的使用价值：这才是休谟所期待要解决的问题。这仅仅是概念的根源问题，而不是它的必不可少的使用问题。根源问题一旦确定，概念的使用条件问题以及适用的范围问题就会迎刃而解。”①

但康德体系的麻烦是，它是一个封闭的完全包容在理性领域的体系，从而不能指明它宣称的精神物质的一体化是具体可感的。恰恰在这里，技术作为物质和精神的混合物，生动地补足了康德指出的缺失的联系环节，并将之物化了——无论是一面镜子还是一张照片，仅仅凭其存在，就证明了物质和精神互动的物化，及其具体可感性。这提醒我们，康德对知识的看法有着内在的、开启新的可能的活力。

---

① 〔德〕康德：《任何一种能够作为科学出现的未来形而上学导论》，庞景仁译，商务印书馆，1978，第 8 页。

（二）工业革命后，马克思开启了技术认识论时代

工业革命的发生，把新的议题——变革摆到了人们的面前。先是达尔文以其巨著《物种起源》，研究并揭示了世界的自发变革的原则——自然选择，适者生存；接着，马克思对由人引发的变革进行了卓越的研究。

马克思认为，人及其技术与自然界的接触点，是劳动——“劳动不过是外化范围内人的活动的表现”；[①] 且“正是通过对对象世界的改造，人才实际上确证自己是类的存在物”。[②] 把改造世界而非认识世界作为人的类特征，使马克思超越康德，把我们带入了探索技术现象发生、发展规律的技术认识论时代。同时，马克思还提出了异化劳动的概念：劳动者“在自己的劳动中并不肯定自己，而是否定自己，并不感到幸福，而是感到不幸，并不是自由地发挥自己的肉体力量和精神力量，而是使自己的肉体受到损伤、精神遭到摧残”，[③] 从而开启了对技术负面价值的反思进程。

时间进入 20 世纪，技术作为一个需要考察的认识论问题已无

---

① 〔德〕马克思：《1844 年经济学—哲学手稿》，刘丕坤译，人民出版社，1979，第 97 页。

② 〔德〕马克思：《1844 年经济学—哲学手稿》，刘丕坤译，人民出版社，1979，第 51 页。

③ 〔德〕马克思：《1844 年经济学—哲学手稿》，刘丕坤译，人民出版社，1979，第 47 页。

法回避。在杜威看来，“技法与工具的相对性常常被忽视”，[①] 并指出“技法上的重大进步不是与技术性问题的解决，而是与从新的经验模式的需要中生长出来的问题的解决联系在一起的……在老式车辆的改造中，存在着技术的改进。但是，比起马车到汽车的技术变化来说，它们是微不足道的，这时，社会的需要呼唤着迅捷的运输，甚至火车的机车也做不到这一点”。[②] 而技术的失控现象以及负面效应只是局部的，且技术对于人本身而言有巨大的规制作用：“有技术的人，总是按部就班的，循一定的次序的，有条理的，有系统的。那种没有技能的人，就是乱来了。”[③]

海德格尔认为：“在最广义上并且按其多样的显现来看，技术被视为人所筹划出来的规划，这种规划最终逼人做出决断：他是想成为其规划的奴仆呢，还是想依然作为其规划的主人。”[④] 这一情势造成了现代的生存危机。于是他进一步呼吁：“让我们最终摆脱一味技术的，也即从人及其机械方面来设想技术的东西吧！让我们把注意力放在一种呼求上吧！在我们这个时代里，不仅人，而且所有存在者，自然和历史，就其存在而言都处于这种呼求之中。”[⑤]。

---

① 〔美〕杜威：《艺术即经验》，高建平译，商务印书馆，2005，第 159 页。

② 〔美〕杜威：《艺术即经验》，高建平译，商务印书馆，2005，第 156 页。

③ 〔美〕杜威：《杜威三大演讲·教育哲学》，刘伯明口述，沈振东笔记，泰东图书馆，1920，第 19 页。

④ 〔德〕海德格尔：《海德格尔选集》，孙周兴选编，上海三联书店，1996，第 654 页。

⑤ 〔德〕海德格尔：《海德格尔选集》，孙周兴选编，上海三联书店，1996，第 654 页。

技术变革造成的现代社会的危机或断裂，引发了对技术作用于实践手段、机制的广泛探讨，即技术方法论的出场。而要探讨技术方法论，我们有必要先引入两个概念：域、域定，和一个原理：技术的发展机制。“某种具有共性的外在形式，或者是可以使共同工作成为可能而共同固有的能力，可以定义为一个技术集群，对于这种集群或技术体，我们称之为域”；“工程设计是从选择一个域开始的，也就是要选择一组适合建构一个装置的元器件，这个选择过程，我们称之为‘域定’”;[①] 技术有两种发展机制：“内部替换（internal replacement）和结构深化（structural deepening）。内部替换是指用更好的部件（子技术）更换某一形成阻碍的部件。结构深化是指寻找更好的部件、材料，或者加入新组件”。[②]

鉴于本文此部分的目的——为复制技术进行哲学定位，我们有必要将视域从技术方法论缩小至文化技术方法论，即仅聚焦于文化创作、生产、传播、消费、再生产相关技术作用于实践的机制。而文化技术方法论的展开，是从本雅明对复制技术的“域定”（在此我们认为科学研究与工程设计的选择过程相似）开始的。

---

① 〔美〕阿瑟：《技术的本质：技术是什么，它是如何进化的》，曹东溟、王健译，浙江人民出版社，2014，第 76 ~ 78 页。

② 〔美〕阿瑟：《技术的本质：技术是什么，它是如何进化的》，曹东溟、王健译，浙江人民出版社，2014，第 147 页。

（三）本雅明将其文化技术方法论研究“域定”于复制技术，并分析了该域的第一次结构深化——从人工复制到机械复制

在本雅明之前，文化技术方法论尚未出现于人们的视野。本雅明对此现象的解释是：伴随着工业革命，资本主义生产方式出现，但“上层建筑的转变却要比基础的转变慢得多。它花了半个多世纪方在文化的各个方面表明了生产条件的变化。只有在今天我们方能说明这种变化的形式”。[①] 可见，在本雅明的视野里，文化技术方法论以研究对象的身份出场了，而他对此研究对象分析的突破口，则选在了“复制技术域”——“在1900年左右技术复制达到了一种标准，这使它不但能够复制所有流传下来的艺术作品，从而导致它们对公众的冲击力的深刻的变化，而且还在艺术的制作程序中为自己占据了一个位置”。[②] 也就是说，本雅明将自己的文化技术方法论研究进行了“域定”。

本雅明接着分析了“复制技术域”第一次显著的“结构深化”，即由人工复制发展到机械复制：希腊人只知道铸造和冲压两种复制技术，那时青铜器、陶器和钱币是仅有的可批量复制的艺术品；远在印刷术使手稿变得可复制之前，绘画艺术就通过木刻而成为一种能够“机械复制”的东西了；中世纪，在木刻之外

① 〔德〕本雅明：《机械复制时代的艺术作品》，单世联编选《文化产业研究读本（西方卷）》，上海人民出版社，2011，第4页。

② 〔德〕本雅明：《机械复制时代的艺术作品》，单世联编选《文化产业研究读本（西方卷）》，上海人民出版社，2011，第6页。

产生了镌刻和蚀刻；19 世纪，则出现了平版印刷和第一次把手从最重要的工艺功能中解脱出来的照相术。以平版印刷（1814年滚筒式蒸汽动力印刷机出现）为标志，复制技术进入了一个根本性的新阶段，即在文化生产环节突破人类身体技能局限的阶段。[①]

在这一新阶段，“凋萎的东西正是艺术作品的灵晕”。[②]“灵晕”（Aura）是指艺术品的原真性（Echtheit）、膜拜价值（Kultwert）和审美上的距离感等。机械复制通过破坏“灵晕”而改变了人工复制的创作传统，如电影制作就要涉及导演、演员、制片、摄影、美工、录音等不同工种以及后期剪辑、特效、洗印等多个制作环节，从而改传统艺术作品的膜拜价值为展示价值，改传统艺术作品审美上的距离感为震惊等全新审美感受。本雅明指出，机械复制技术实现了艺术的大众化、民主化，可以服务于进步政治，但也可能导致艺术的肤浅化，并可能被用来支持压迫性的政治制度。

（四）麦克卢汉分析了复制技术域的第二次结构深化——“新组件”电拟复制

如果说以照相术（1839 年实用照相机出现）为代表的机械复

---

① 〔德〕本雅明：《机械复制时代的艺术作品》，单世联编选《文化产业研究读本（西方卷）》，上海人民出版社，2011，第 5 ~6 页。

② 〔德〕本雅明：《机械复制时代的艺术作品》，单世联编选《文化产业研究读本（西方卷）》，上海人民出版社，2011，第 7 页。

制技术，体现了人类对光现象的深度把握；那么以录音、电视扫描为代表的电子模拟复制技术（不妨称为“电拟复制”），则体现了人类对电现象的深度把握。人类于19世纪末掌握了复制声音的技术，[①] 1920年世界上第一家商业广播电台——美国KDKA广播电台出现，20世纪30年代广播在美国、德国、苏联、英国等国家迎来了发展的“黄金时代”；1884年德国人尼普科夫发现电视扫描原理，1939年美国推出世界上第一台黑白电视机，并于1953年设定全美彩电标准，进而于1954年推出彩色电视机，电视开始进入千家万户。以录音、电视扫描为代表的电拟复制技术，在文化传播环节突破了地理空间的局限，从而作为“新组件”构成了复制技术域的第二次结构深化。

麦克卢汉正是从媒介传播这一突破口，对此次结构深化进行了分析：媒介是“人的延伸”，如书籍是人视觉的延伸，广播是人听觉的延伸，电视等电子媒介是人中枢神经系统的延伸。而且，“任何媒介（即人的任何延伸）对个人和社会的任何影响，都是由于新的尺度产生的；我们的任何一种延伸（或曰任何一种新的技术），都要在我们的事物中引进一种新的尺度……人的工作的结构改革，是由切割肢解的技术塑造的，这种技术正是机械技术的实质。自动化技术的实质则与之截然相反。正如机器在塑造人际关系中的作用是分割肢解的、集中制的、肤浅的一样，自动化

① 〔德〕本雅明：《机械复制时代的艺术作品》，单世联编选《文化产业研究读本（西方卷）》，上海人民大学出版社，2011，第6页。

的实质是整体化的、非集中制的、有深度的”。[①] 另外，电子媒介重构了时间与空间，使整个世界成为一个新的“地球村”，人类社会的发展经历了部落化—非部落化—重新部落化的历程。

（五）莱文森分析了复制技术域的第三次结构深化——“新组件”数字复制

文字的数字复制技术，早在 19 世纪 30 年代就通过电报的发明而出现了，但声音数字复制技术在 20 世纪 70 年代才开始发展，影像数字复制技术更是在 20 世纪 90 年代中期才开始实用化（1994 年卫星数字电视开播）；恰逢其时，可大规模传播数字化文字、声音、影像的互联网技术，也于 20 世纪 90 年代中期开始民用，所以，数字复制时代，即数字复制作为“新组件”进入复制技术域的第三次结构深化，全面启动于 20 世纪 90 年代中期。与以电视扫描为代表的“电拟复制”阶段相比，数字复制时代的核心变迁显现于两个环节：在文化创作环节，人类想象力的局限被突破，技术体已经能够自主“拟像”；在文化消费环节，实时移动互联（如 Google 眼镜等可穿戴设备）突破了受众原来的时间、空间局限。

被称为“数字时代麦克卢汉”的莱文森，就数字复制时代的文化创作和消费提出了自己的看法。例如，他继麦克卢汉提出

① 〔加〕麦克卢汉：《理解媒介——论人的延伸》，何道宽译，商务印书馆，2000，第 33 页。

“地球村”概念之后，提出了“地球脑”概念：“地球上的任何人挖掘思想对话的能力，为思想对话做贡献的能力，远远没有完全实现……一个名副其实的地球脑（global mind）的创生引人注目、前途无量，这个地球脑是真正的地球脑，而不是比喻意义上的地球脑；调动智能的能力，在任何地方、任何时间表现智能的能力，都生机勃勃、气势如虹”。[①] 而就文化消费而言：“媒介的发明和传播过程也就是选择数量的增长过程……正如媒介及其进化的许多关键侧面一样，手机既是选择数量增长的反映，又是负担增长的缩影。”[②]

而且，莱文森认为，媒介演化总体上呈现“人性化趋势”，即人是媒介的“自然环境”，人要对技术和媒介做出理性选择。所以，媒介的发展机制可以描述为“补偿—补救”：“因特网及其体现、证明和促进的数字时代，是一个大写的补偿性媒介。这是因电视、书籍、报纸、教育、工作模式等的不足而产生的逆转，差不多是过去一切媒介之不敷应用而产生的逆转……在新千年里，许多媒介集中起来、结合起来，以助于解决过去媒介面对的各种问题，这当然不是偶然的。数字媒介使传播速度加快、省事省力。于是，有意发明的媒介，和歪打正着解决问题的媒介之间的差异为之缩小：数字传播提升了人的理性把握能力，在这一点上，一

① 〔美〕莱文森：《莱文森精粹》，何道宽编译，中国人民大学出版社，2007，第222页。

② 〔美〕莱文森：《莱文森精粹》，何道宽编译，中国人民大学出版社，2007，第282页。

切媒介都成为立竿见影的补偿媒介。”[①]

总之，上述文化技术方法论在复制技术域的展开显示：文化技术演进的主导机制是结构深化，虽然内部替换（如印刷术中激光照排替换铅字排版）也具有重要意义。

二　纸刊形式的精致化——从镜子到艺术的“补救”

作为“复制技术方法论”在“数字阶段”的一种展开，莱文森的“补偿/补救媒介”（Remedia media）理论认为，任何一种后继的媒介，都是对过去某一媒介功能的补偿/补救，例如，墙上开窗户是对墙壁的补救，玻璃是对窗户的补救，窗帘是对玻璃的补救。[②] 结合莱文森的技术文化演进要经历玩具、镜子、艺术三个阶段的理论来观察，我们可以大致做出如下判断：纸刊正走在由“镜子”不断被“补救”为“艺术”的路上，而电刊则正由“玩具”不断被“补救”为反映现实的“镜子”。

（一）制作工艺方面，对视觉及其他感官“补救”

对于纸刊来说，这意味着向“艺术化”的时代进发，对于纸刊设计师来说，这也是一个发挥才智的巨大机会。纸张、质地、

① 〔美〕莱文森：《数字麦克卢汉——信息化新纪元指南》，何道宽译，社会科学文献出版社，2001，第 288 页。

② 〔美〕莱文森：《莱文森精粹》，何道宽译，中国人民大学出版社，2007，第 131 页。

特殊的颜色、格式、版面设计、热印以及所有涉及纸刊制作工艺的方面，都将被发挥到极致。纸刊作为一种实体，应该能够给读者带来“艺术化”阅读体验，这种体验目前是电刊尚难以带来的。

纸刊目前经常使用的强化视觉“艺术化”的制作工艺有以下几种。

涂层（Coating）。使用UV（紫外）技术及其他涂层和覆膜技术，时下已经变得非常普遍了。其成本相对低廉，是当今纸刊封面应用得相当多的让形式更显精致的方式。

烫金银箔（Foil stamping）。一些胶印机制造商早已在馈纸式印刷线上，采用过烫金银箔方式。这种制作工艺的确增加了额外的成本，但其价值也是显著的——金银箔色彩可以立即引起注意。

其他印制金属色工艺（Metallics）。与烫金银箔不同，在图书上印制金色、银色和其他金属颜色，一直都是一个工艺方面的挑战。新的数码打印机，可以轻松实现这个效果。

蚀刻（Dyna etch），即将烫金银箔与透明的胶版印刷结合到一起。一种特殊的雕刻黄铜模具，主要用来印制银箔图像，各种细纹理模板则被刻到金属箔上；箔片区域、非箔片元素一起套印在常规的胶印设备上。这些措施叠加产生的结果，是一种强烈的颜色混搭和移动幻觉。该工艺被适宜地使用时，甚至可以模仿全息图的外观。

激光模切（Die cutting）。此工艺为在纸刊封面上设计出有趣的开口，提供了更多机会。过去，正方形、圆形的切口比较普遍，

而时下，设计师已可以在纸刊封面打造各种形状的切口——模切孔甚至可以把刊物第一页上的图像显露出来。

压花/数字压花（Embossing/ Digital embossing）。旧的凸版印刷利用压力来塑造隆起的效果，而压花工艺则是在基板表面塑造压痕的过程。目前有很多不同的压花效果，如单层、多层、圆顶、斜面、雕刻等是常用的。镁、铜、黄铜等几种金属被常用来制作压花模，其中黄铜模具是压花机的首选。虽然目前还没有数字压花模具，但 Scodix 已制造出相关喷墨装置，可利用特殊的喷墨层来塑造纹理；柯达的 NexPress 具有三维效果，能为印制图像增加“动感”，例如，能令水滴图像逼真地出现在页面上。

另外，纸刊的“艺术化”制作工艺还在朝视觉之外的其他感官“补救”方向迈步。

香味（Scenting）。康科德（Concord）平版印刷目前已经可以为所有基板增添香味，例如，只要轻划一下其印制纸刊上的香皂广告，纸张就能渗透出一股柠檬或松脂香味；纸刊上有橙子图片的页码，也可带有橙子的香味。

有声（Audio）。在唱片时代，有声期刊发展的障碍在于其载体的局限性；这种情况在磁带时代更加明显——有声期刊的成本高于纸刊；但是，所有这一切在数字复制时代都改变了。有声期刊现在已有多种实现方式，例如，从 2014 年开始，《海洋世界》（我国的一本海洋时事科普期刊）就开始在其重点文章上加印二维码（QR codes）。读者用手机扫描，便可听到这些文章的有声版。原来只能读的纸刊，现已变得可听可读。

（二）制作思路方面，“创意”氛围越来越浓

2011年，匈牙利时尚期刊*LACK*与其核心受众——“时尚粉丝团”，来了个创意互动。该刊紧紧抓住女性时尚粉丝“看见手提包就走不动道儿”的嗜好，设计出了一期别出心裁的纸刊：黝黑光滑的皮质外表，与期刊连为一体的提手，构成了独特的“手包”式封面。这对期刊内在的图文设计来说，无疑是一种精彩的整合及提升——“提包”在手，女性时尚期刊受众不仅分享到了最新的时尚资讯，还可以将该期杂志收纳进自家的衣橱中！

德国著名设计期刊*Novum*，其一期封面竟是由1000多块受众可任意折叠的“三角形”组成的！（见图5－1）作为设计期刊的受众，他们拿到手里的不再是一个生硬刻板的纸刊封面，而是一件可以随时随地把玩的“变形金刚”。

图5－1　由1000多块弹性三角折纸组成的*Novum*“变形金刚”封面

图片来源：Juan Senor主编《2012世界杂志媒体创新报告》，国际杂志媒体联盟（FIPP）和创新国际媒体咨询集团联合出品，中国期刊协会独家授权中文版。

不就是一张纸嘛，它可能动起来吗？如果放在以前，这样问肯定有些异想天开，但现在，纸刊的页面已能变成动感十足的汽车跑道：大众汽车挪威分公司，通过鼓励人们下载其移动应用软件的方式，已能让受众在纸刊上“试驾”大众汽车——在一条足有期刊页面大小的纸质跑道上，受众可以通过手机“试驾”的方式，了解到大众汽车的自动巡航控制系统、自适应转向灯及变道辅助系统等最新技术……中外运敦豪快递公司（DHL），则用两个相接的跨页广告（见图5－2），以动感创意告诉读者：我们公司的递送服务就像期刊翻页一样快捷便利！

图5－2 中外运敦豪快递公司跨页广告

图片来源：同上。

不仅如此，翻开一本纸刊，你有可能闻到被誉为“世界上最好的厨师”的弗伦·安德里阿在伊尔布里餐厅所烹饪的佳肴的味道（见图5－3）；打开一个对开页广告时，还可能被一个突然冒出来的看似被吹起的巨型“3D泡泡糖”吓一跳（见图5－4）……

面对新媒体互动传播方式对纸刊生存空间的挤压，一轮颠覆传统、创意十足的纸刊制作革新之战已悄然打响。

图 5-3　被誉为“世界上最好的厨师”的弗伦·安德里阿手捧 *Esquire*（意大利版）有伊尔布里餐厅味道的封面

图片来源：同上。

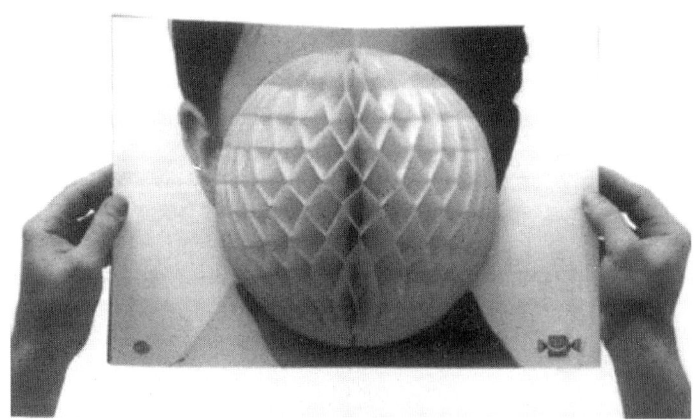

图 5-4　富于创意的泡泡糖广告：当读者打开纸刊时，一个看似被吹起来的巨型“3D 泡泡糖”便会冒出来

图片来源：同上。

三　电刊的多向尝试——从玩具到镜子的“补救”

（一）制作软件：最具实力的搜索“领航者”专用，其他通用

电刊中，作为依托纸刊的搜索“领航者”，中国知网目前在同行业中是颇具实力的；其阅读提供专用 CAJViewer 全文浏览器，这意味着其制作也是专用软件与格式。而依托社交媒体的搜索“领航者”，如飞丽博，形成其媒体特征的本身就是一款独家的应用软件。

但众多的没有搜索“领航者”地位的电刊，则绝大多数使用通用制作软件。目前国内常见的这类软件，主要有 Pocomaker、Iebook、Zmaker 三款。它们分别有不同特点和适宜用户。

Pocomaker 适用于初入门，或对成品要求不高的用户。Pocomaker 中文名也叫“魅客”，其操作简洁，设计过程明了，可将大量的图片、照片整理成册，加上有数字时代动感的特征，是一个“傻瓜”式电子相册、电子读物快速制作工具。对于初学者而言，选择这款软件是最容易上手的。但是 Pocomaker 提供的模板、特效明显偏少，如果制作者需要更多的特效，还得自己用相关软件制作素材后，再导入使用。

Iebook 较适合企业用户。这款软件是飞天传媒于 2005 年 1 月正式推出的一款互动电刊平台软件，分为免费、企业、专业、旗舰和至尊等五个版本，除免费版外的版本，制作者都得支付相应

的费用后，才能下载使用。其免费版本适用于电刊发烧友制作个人电刊，或制作电子相册、简历等；其付费版本则较适合企业，或对于所制作电刊要求较高的用户。该软件支持各种3G输出兼容终端，且其类似视窗系统的操作界面风格，更符合大多数用户的使用习惯。Iebook的模板素材相对较多，功能强大，新用户易上手，但因其很多功能都是收费的，也就是说免费版限制了很多功能，所以绝大多数个人用户不会选择该软件。可对于相关企业来说，购买付费版的Iebook来制作电刊者还是数量可观的。

Zmaker适宜有一定编辑、制作基础的制作者用。该软件由ZCOM公司开发，相对于前两者而言，显得更“专业”——要求使用者有一定的编辑、制作动画的基础。该软件是免费的，功能强且操作灵活，可以较好地发挥制作者的设计创意，但是，相关设计过程也偏向专业化。

（二）电刊制作不得不考虑的3个问题

1. 内容呈现的独立元素是什么?

通常而言，对通讯社来说，独立元素是单条新闻；对报纸来说，独立元素是一个版面；对纸刊来说，独立元素是一个对开页（两页）；对电刊来说，独立元素是一个屏面。当纸刊内容被电子化时，纸刊与电刊独立元素的不同，以及从互联网屏幕到移动互联网屏幕屏幕尺寸逐渐缩小的趋势，使图文并茂消费类纸刊电子化并不能像以文字为主的专业类纸刊那样顺利“屏移”。

在制作实践中，一些业内人士已总结出将图文并茂消费类纸

刊内容“屏移”的一些布局工具。例如：

第一，使用文本定位功能将图解文字与主体文字部分相区别。这是一种直接的替换，通过持续的对图注的定位，使用不同的字体或者在图注文字和主体文本之间加上水平线以做区分。

第二，使用分页符和空格提醒读者文章主题发生了变化。这个设置虽有效，但分页符可能带来的问题相对要更大一些。能够在可重排版的电刊上有效地使用分页符的唯一方法就是重启一个内容“章节”，但一个页面中就排下一“章节”的内容不仅看起来很傻，而且也无法展示原来的排版中所暗含的意图。所以，采用此法将纸刊内容重排成电刊内容时，需将其内在的逻辑关系分成不同的“章节”并对它们进行重新命名。

第三，使用页面编号设置分类提醒。使用页面编号比我们想象的简单，因为使用分类的往往都是图片。在制作阶段，只需要提供一个像指甲盖儿那么大的图片而不用提供页码。

但是，这些工具的使用，并没能改变前述的一个宏观形势：相对纸刊而言，电刊的“屏面”元素组织艺术的成熟度难具比较优势。

2. 出刊时间周期如何选择？

对电刊来说，出刊时间周期仍是一个重要选择——目前可分为两大类：定时模式和即时模式。需注意的是，即便是有新内容随时刊出的即时模式，也还需考虑受众的接受周期。

在实际操作中，电刊往往在这两者之间做综合选择，也就是既要考虑到自己的内容生产能力，又要考虑到受众的内容接受方式。当然，除非是非常深度的内容，或专业细分领域的内容，出刊时间周期从月、周向天发展，是大趋势。

和出刊时间周期相关的一个附带选择是，内容列表是按重要程度选择，还是按时间倒序选择。总的来说，内容刊出时间周期是从供应方所做的考量，由于消费者行为逐渐地从主动阅读某一媒体，变为通过各类阅读器“拉取”内容，或通过社交媒体工具获取内容，刊出时间周期的重要性从接受方角度看，有降低的趋势。

3. 给受众的内容，封装、硬拷贝、链接到什么程度？

纸刊所提供的内容是高度封装的，而互联网、移动互联网电刊的整体趋势是打散封装，并提供免费的搜索，以便受众更好地获取资讯，同时使自己获得搜索“领航者”的有利位置。过去纸刊投入在封装上的努力——如何在封面上做足文章，变成了现在电刊投入到构建将受众吸引到自己页面上的链接关系等努力。

将受众吸引到自己的页面上后，电刊接着会遇到一个问题：给受众的内容硬拷贝到什么程度？纸刊受众所感受到的内容，是完全“硬拷贝”的；现在，电刊为了更好地传递信息、加强体验，往往还要进行部分的硬拷贝。这一选择所要解决的问题是，综合考虑信息架构、用户体验以及生产成本，在某一时期给受众的内容硬拷贝到何种程度？

硬拷贝的程度越低，越容易形成清晰的信息架构，并通过技术降低生产成本，但在某一时期，为了增强用户体验等，硬拷贝程度越来越低的运营要求往往需要妥协。

随着技术和产品的进步，整体的趋势往非硬拷贝的方向发展。通过移动设备阅听内容的受众，他们的需求往往接近于得到一个个独立元素，因此移动互联网将进一步减少硬拷贝的需求。目前在 iPad 等平板设备上，电刊以高度硬拷贝的方式提供内容，这应当只是一种在特定时期内为适应设备而出现的情形。

当受众开始阅读一屏图文，另一个相关问题接着出现了：它的相关内容链接能到什么程度？这本质上是信息架构的问题，而信息架构的最终问题是——内容元素能否结构化、相互关联，并形成有长久价值的内容资源。过去，纸刊内容的价值，往往通过品牌来进行累积；在现在及未来，内容元素的组合也是增加价值的方式，好的信息架构会让价值得以保留，甚至使之随着时间流逝而增值。

第六章　行销：从渠道为王，到中介趋逝

电刊目前大致有五种营利模式：第一种是发行（即第一次售卖）营利，读者付费；第二种是期刊免费，靠广告（即第二次售卖）营利；第三种是提供公关服务，即将电刊作为企业营销、客户关系管理的工具来售卖；第四种是提供技术服务，即为一些传统期刊社提供电刊技术，帮之建设网上发行渠道；第五种是做电商导购者。

中国知网等的成功，使业界对第一种模式寄予厚望，但其成功的两个限制性条件——成为搜索“领航者”、依托专业类纸刊建数据库，是难于广泛复制的；由于缺乏一定规模的主流受众，第二种模式被证明并不能很好地支撑这个产业；阳光导航证明了第三种模式的局限；Xplus、ZCOM和龙源期刊等一直坚持第四种模式；第五种模式目前仍在探索中。对于一家具体的期刊单位来说，在选择或重构自己的营利模式时，除了应了解纸刊、电刊的不同营利模式外，还应对整个中国文化产业的经济现实有所把握。

一　如何在“数字复制”与全球文化产业阶段，令我国文化产业“蛙跳”？

当下，一些文化产业发展现象（其实与期刊的行销息息相关），成为我国相关从业者必须回答的问题：同样以广告为主营收入，2000 年才成立的“百度”，广告收入为何能在 2013 年超越“央视”？同样以将文学原创纳入产业为主业，众多文学类出版社、杂志社生存艰难之际，为什么 2008 年才成立的以起点中文网为核心的“盛大文学”，2010 年的营收能达 3.93 亿元，2011 年更是达到了 7.01 亿元？[①]

上述问题的一个延伸性问题是：2000 年才在国家重要政策文件中获得“正名”的我国文化产业（期刊产业是其一个部门或子系统），可能像百度、盛大文学一样，在相对短的时间内“蛙跳”式超越原强势对手——美欧日等的文化产业吗？

（一）“两种机会窗口”理论：“蛙跳”机遇在新兴技术体系所供“窗口”

在对美国、德国于 19 世纪下半叶“蛙跳”式发展进行解释时，美国经济学家佩蕾丝（Carlota Perez）提出了“两种机会窗

① 资料来源：盛大文学 2012 年 6 月向美国 SEC（证券交易委员会）提交的 F－1/A 文件。

口”理论。[①]

该理论指出，“第一种机会窗口”（With mature technologies there can be no catching up）是指当某种技术体系（即“域”）在先进国家趋于成熟后，落后国家就具备了劳动力成本低廉的比较优势，但在这种情况下，由于先进国家已占据技术创新的制高点，落后国家凭劳动力成本优势进行的追赶，只能有限进步，并无法缩小与先进国家的技术、经济差距。

“第二种机会窗口”（Periods of change of paradigm as dual technological opportunities）是由处于酝酿阶段的新技术革命（即域的结构深化早期）所提供的，这是落后国家“蛙跳”（Making a leap forward）的真正机遇。在“第二种机会窗口”期，虽然新技术最初出现于先进国家，但因该技术体系处于早期发展阶段，相关科技知识大多属于“公共知识领域”，其“默会性”程度及对经验、技能的要求都很低，故处于此阶段的新技术革命几乎将所有国家都拉回到同一起跑线上。如果落后国家在这个阶段能够以更快的速度进入新的技术体系，就可有效缩小与先进国家之间的技术差距，进而实现经济“蛙跳”。

19 世纪下半叶，已引领了水力机械化、蒸汽机械化两次技术革命的英国，受困于旧技术经济范式的锁定效应，被更加适应电气化新技术经济范式的美国、德国“蛙跳”式超越。目前的所有

① Perez Carlota：Technological Change and Opportunities for Development as a Moving Target，in *Cepal Review*，No. 75，december 2001，pp. 109－130.

发达国家，都是通过“第二种机会窗口”，在英国之后相继跃入发达国家行列的。

佩蕾丝提出的“两种机会窗口”理论，属于“技术—经济范式”的演化理论，[①] 为我们揭示了18世纪70年代以来人类社会发展的一种明显规律性。而文化产业的发展（19世纪机械复制作为“新组件”构成第一次复制技术域结构深化后），显然也应在此“技术—经济范式”的覆盖之下。这就意味着，始于20世纪90年代中期的“数字复制”与全球文化产业阶段，其实是文化产业一个新的技术—经济范式的启动，而目前世界正处于这一新技术体系发展的早期（即域的结构深化早期）；并且，从前述进入“数字复制”新技术体系的速度绩效等方面看，我国文化产业已具备了实现“蛙跳”的可能性。

要抓住机遇，促成这种可能性变为现实，相关部门显然宜在文化产业生产要素、产业结构提升方面，做更多工作。

例如，当前文化产业最重要的生产要素是创意劳动，而加强教育、培训以激发“数字原住民”（在我国一般指90后）的创意能力，[②] 无疑有助于提升此要素禀赋。另外，随着年轻人开始在文化消费市场上逐渐占据主导地位，进入其内生性文化视野当中，

---

① 〔美〕佩蕾丝：《技术革命与金融资本：泡沫与黄金时代的动力学》，田方萌等译，中国人民大学出版社，2007，第21页。

② 著名教育游戏专家Marc Prensky于2001年首次提出“数字原住民”（Digital Natives）和“数字移民”（Digital Immigrants）概念，将那些在网络时代成长起来的一代人称作“数字原住民”。

而不是用“数字移民”的文化视野来臆测其指向，越来越成为当下文化产品提升市场占有率的重要因素。试想：当90后能够把“二十四史”及浩繁“野史”中丰富的中国故事，精致地转化成其喜闻乐见的文化产品（如动漫、游戏等）时，我国文化产业的要素禀赋和市场（包括国内、国际市场）会是一种什么状况?!

再如，在为文化产业结构升级提供正的外部性方面，科研的作用越来越凸显，所以宜充分利用现有政策性资金（如“国家文化产业发展专项资金”等），鼓励“数字复制”与全球文化产业阶段新技术体系的相关知识传递和商业应用。具体来说，可资助文化产业相关研发项目，支持定期举办政、产、研多方参与的国家级高端论坛，为有关新知识的扩散和向商业转化建立渠道。

（二）“比较优势”理论：我国比较优势在于人工、数字复制两阶段的内容及“规模”等

在研究发展中国家经济增长问题的过程中，林毅夫与其合作者提出了“比较优势”战略理论：“一国最具竞争能力的产业、技术结构（或者说产业区段）是由其要素禀赋结构决定的”；“遵循比较优势发展，会使得整个经济具有竞争力，经济发展速度加快，资本积累的速度将远高于劳动力和自然资源增加的速度，要素禀赋结构得到较快的提升。”[①]

---

① 林毅夫、孙希芳：《经济发展的比较优势战略理论——兼评〈对中国外贸战略与贸易政策的评论〉》，《国际经济评论》2003年第6期。

那么，我国文化产业的比较优势在哪里呢？

麦克卢汉曾指出："任何'媒介'的内容都是另一种媒介。文字的内容是语言，正如文字是印刷的内容，印刷又是电报的内容一样。"[①] 莱文森则进一步指出："过去的一切媒介是因特网的内容。"[②] 而任何复制技术，从文化传播环节来看，其实都是一种媒介。这样，麦克卢汉、莱文森上述论断的一个推论就是：如果说文化产业是内容产业，那么过去各种复制技术所定义的文化市场发展诸阶段所创造的内容，都是当下"数字复制"与全球文化产业阶段的文化产业的内容。

基于本文以复制技术域的演进为线索，对现代文化市场形成过程中的四个发展阶段的分析，我们发现当下中国文化产业的内容特点呈现为："人工复制"与前现代供养制阶段的内容在世界范围内有比较优势；"机械复制"与文化产业阶段、"电拟复制"与地缘文化产业阶段的内容与先进国家比相当落后；而"数字复制"与全球文化产业阶段的内容又一次具备了领先的基础。

上述理论"发现"，在我国近年大力推动的中华文化"走出去"工作中，得到了相当程度的实践印证——

我国文化产品"走出去"后真正能有"市场"的，主要是"人工复制"与前现代供养制阶段的内容（或其依托不同阶段复

---

① 〔加〕麦克卢汉：《媒介即是讯息》，单世联编选《文化产业研究读本（西方卷）》，上海人民大学出版社，2011，第 304 页。

② 〔美〕莱文森：《数字时代麦克卢汉——信息化新纪元指南》，社会科学文献出版社，2001，第 53 页。

制技术的转化形式），如介绍气功、中医、菜谱、旅游景点等内容的图书，和舞剧《丝路花雨》、[1] 杂技综艺舞台剧《龙狮》[2] 及传统戏曲等[3]能够展示深厚传统文化积淀的演艺项目。

而且，我国在“数字复制”与全球文化产业阶段的内容也开始具备一定的竞争力。例如，“2011 国际数码互动娱乐展览会，苏州蜗牛推出了全新 3D 网络游戏产品《九阴真经》。目前，该游戏已在全球 20 多个地区完成版权销售，分成收入保守预估将超过每年 2000 万美元”。[4] 再如，“截至 2011 年年底，中国知网累计出口实洋超过 4300 万美元，2011 年出口收入达到 730 万美元，占全国出版产品出口总额的比例超过 23%”。[5]

这些实践情形，客观上要求我国的大、中、小各型优势文化企业，要将内容生产向中华文化在“人工复制”与前现代供养制阶段内容的转化、再造（类似韩剧《大长今》所做的工作），及在“数字复制”与全球文化产业阶段内容的创作、传播（如我国一些优势游戏企业目前所做的工作），做方向上、结构上的倾斜。

---

① 刘玉琴、胡妍妍：《丝路飘落花和雨》，《人民日报》2011 年 12 月 22 日第 24 版。

② 孙奇茹、王国平：《“龙狮”缘何“舞动”欧美?》，《光明日报》2011 年 10 月 9 日第 001 版。

③ 赵少华：《中国文化走出去：左手传统，右手创新》《人民日报（海外版）》2010 年 3 月 22 日第 007 版。

④ 薛颖旦、徐宁：《文化走出去，赢得共鸣更要赢市场》，《新华日报》2011 年 10 月 13 日第 A02 版。

⑤ 王玉梅：《中国知网：推动学术文献规模走出去》，《中国新闻出版报》2012 年 3 月 23 日第 003 版。

只有如此，才能为中华文化形成实在的“软实力”，并真正地“走出去”，奠定产品和市场基础。

另外，在“数字复制”与全球文化产业阶段，“规模”作为一种竞争因素的地位越来越高，像前述“信息受众量”本位、迈特卡尔定律等均与“规模”因素息息相关，所以，宜尽快组织政、产、研各方力量，加大力度充分利用、转化我国网民数世界第一等诸多“规模”方面的比较优势。这方面有值得我们借鉴的榜样：在“电拟复制”与地缘文化产业阶段，美国正是利用其世界最大电影市场的规模比较优势，一方面有能力在国内市场收回高额的电影生产成本，另一方面有余力以低价倾销支配国际市场；结果，在1979年时，非社会主义世界电影租金毛收入的70%以上，都进了美国的腰包。①

（三）“价值链”理论：生产性、消费性文化服务业价值链分别应水平最大化、垂直最小化

在研究与企业相关的竞争和战略时，波特提出了“价值链”概念：“企业的价值链是一个交互依存的活动系统，由联结点衔接。当执行某项活动的效益会影响到其他活动的成本或效益时，联结点就会出现，并造成原本应该形成最大效果的个别活动出现取舍效应。”②

---

① 〔美〕赫斯蒙德夫：《文化产业》，张菲娜译，中国人民大学出版社，2007，第222页。

② 〔美〕波特：《竞争论》，高登第、李明轩译，中信出版社，2003，第72页。

此后，许多经济学家指出，价值链不仅存在于单个企业之内，还可将价值链概念扩展为行业价值链、产业价值链等。

从价值链的角度来观察，前述“百度”超越“央视”，及以起点中文网为核心的“盛大文学”能在众多文学类出版社、杂志社生存艰难之际高速发展等现象，可在相当程度上得到解释：

央视对其广告客户的“门槛”要求相当高，所以其广告服务只面向部分行业的部分机构——基本是大型机构；而百度对其广告客户几乎没有“门槛”要求，所以其广告服务几乎是面向所有行业的所有机构。在更多的价值链条上找到了自己的位置，无疑是百度的广告收入能超越央视的主因。所以，在“数字复制”与全球文化产业阶段，央视、百度这类文化企业的价值链条，应“水平最大化”，即将跨行业、跨企业、跨商品的水平价值链最大化，几乎面向所有行业的所有机构提供服务。

文化产业可分为生产性文化服务业、消费性文化服务业，前者是指主要通过提供中间性产品满足生产性需求的文化服务业，如创意设计、广告会展业等；后者是指主要用来满足人们最终消费需求的文化服务业，如出版、演艺业等；所以，同样以广告为主营收入的“央视”和“百度”，主要属性都应归于生产性文化服务业（当然，“央视”从意识形态等其他角度看，还有更为复杂的性质）。而由于央视可算作“电拟复制”与地缘文化产业阶段的典型，百度可算作“数字复制”与全球文化产业阶段的典型，所以比较两者价值链的不同，对探讨当下生产性文化服务业的价值链走向就具有了典型意义——生产性文化服务业价值链应

“水平最大化”。

另外，因同样以将文学原创纳入产业为主业，所以文学类出版社、杂志社和以起点中文网为核心的“盛大文学”，都应属于消费性文化服务业；文学类出版社、杂志社可作为“机械复制”与文化产业阶段的典型，以起点中文网为核心的“盛大文学”可作为“数字复制”与全球文化产业阶段的典型；这样一来，比较两者价值链的不同，对探讨当下消费性文化服务业价值链的发展趋势，也具有了典型意义——

从垂直价值链的环节来看，文学类出版社、杂志社的产品送达消费者，都要经过分销商、书店等中介环节；而在起点中文网等文学网站，创作者则直接面对消费者，绝大部分中间环节都被取消了。从对产品内容起主导作用的角色来看，文学类出版社、杂志社的产品内容由创作者、生产者（编辑等把关人）主导，即出版社、杂志社生产什么，消费者就只能读什么；但起点中文网等文学网站的作品内容则由消费者主导，即只有消费者爱读的内容题材，创作者才有机会按图索骥地去创作——目前越来越集中于玄幻、仙侠、言情、军事等有限的通俗题材，其产品表现出显著的针对年轻“数字原住民”的“定制”特征。上述差异，对在众多文学类出版社、杂志社生存艰难之际，2008 年才成立的以起点中文网为核心的“盛大文学”高速发展的现象，显然有着较强的解释力。可见，当下消费性文化服务业价值链的核心发展趋势之一，可以描述为“垂直最小化”，即创作者直接面对消费者生产“定制”产品，中介环节被最小化了。

所以，打破国有、民营界限，以法律、法规等政策资源，扶持若干“百度”类的价值链“水平最大化”生产性文化服务企业，及若干“起点中文网”类的价值链“垂直最小化”消费性文化服务企业，可促使我国文化产业占据产业价值链之有利位置，尽快形成我国具有先进商业模式的大型文化企业集团；同时，注意引导大量中小文化企业进行适合自己的专业化选择和转型，乃是促成我国文化产业“蛙跳”亟待采取的措施。

二 纸刊的流程再造，及在产业结构中的负向变化

（一）流程再造与精益行销

在纸刊发行系统中，技术不断适应和提高物流水平。例如，采用先进的瑞仕格（Swisslog）系统，可使库存管理非常精细化——管理人员可借此实现对纸刊发送过程中的每个阶段强有力的控制，能比以往任何时候都更加清楚每一个库存项的具体情况。

首先，供应链的显示度正迅速提高，这减少了纸刊传输中的风险或其他令人头疼的问题，提高了订单效率。一直以来，要将不同的电脑系统联系起来是非常困难的事，但现在一切变得简单了。有的发行商还建立了自己的销售数据仓储，并向出版商提供深度数据（销售数据、商品周转和其他指标数据等）。

其次，许多对于发行改善的认可，都与采用识别码有关。这种信息识别码有效推进了技术、刊目和回款的标准化，削减了时

间和成本，驱动产业向电子商务方向转型。

结果是，有些发行商将很快可以为个人客户提供 1 小时窗口发货服务。这种服务通过包裹载体 DPD 进行，它可以给客户发邮件或短信，告知其当前订单传送所在的位置。如果这种方式不方便，窗口可以调整。这种技术能使购买者更加方便，提高一次完成交货的概率。

（二）纸刊在传媒、文化产业结构中的负向变化

近年来，我国纸刊行销状况的下行是明显的。2011 年，纸刊单位广告承载额为 441.19 元/千印张，2009～2011 年期刊单位广告承载额增速已连续下滑。[①] 2012 年、2013 年，纸刊广告经营额增长率分别为 14%、-7%，2013 年同比下跌 21%；纸刊发行收入增长率分别为 7.5%、5%，2013 年同比下跌 2.5%。[②]《2013 年全国新闻出版业基本情况》指出，2013 年全国纸刊平均期印数下降 1.87%，总印数下降 2.26%，总印张下降 0.67%；其中综合类，哲学、社会科学类，自然科学、技术类，文化、教育类，文学、艺术类等 5 个大类的总印数均下降，只有从不同分类标准来看的两类纸刊（少年儿童类、动漫类）的总印数、总印张实现了增长。

---

① 喻国明：《现阶段中国传媒业发展的基本面分析——来自〈中国传媒发展指数蓝皮书（2013）〉的报告》，《新闻与写作》2013 年第 3 期。

② 崔保国、何丹嵋：《中国传媒产业规模将超万亿元——2014 中国传媒产业发展报告》，《中国报业》2014 年 05（上）。

从国外的情况来看，日本纸刊的情况早已不乐观。2009 年，日本国内发行的纸刊共 3600 种，销售总量是 277 亿册。“277 亿”这个数字是从 1996 年起发行量连续 14 年下降后的结果，至此降幅已达 42%。如果单看价值，纸刊销售额也是连续 12 年呈下降趋势，即从 1998 年起连续 12 年总共下降了 30% 左右。在对纸刊出版商非常重要的广告收入方面，营收相对历年最高峰值也下降了 33 亿美元。[①]

美国纸刊的情况与日本类似。2013 年，美国纸刊零售遭遇了 2009 年以来的最大跌幅。美国媒体审计联盟（Alliance for Audited Media）对 386 种消费类期刊的数据监测显示，在付费发行量中，单本销售下降 11.1%，付费订阅减少 1.2%，总发行量下降 1.7%。报摊单本销量一向被视为行业健康发展的一个重要指标，但近几年，美国纸刊的报摊销量一直在走下坡路。2013 年上半年美国报摊期刊销量下降 10%；2012 年下半年下滑 8.3%；2009 年则减少了 12.36%。[②] 从具体期刊来看，《时代周刊》是美国纸刊的“风向标”，它的一举一动随时都可能牵动行业的神经。2012 年，该刊不仅广告页码大量减少，而且销售册数也大量减少，与 2011 年相比，销售册数大减 27%。[③]

① 〔日〕远藤宪一：《数字期刊的未来》，《传媒》2010 年第 11 期。

② 晓雪：《美国期刊零售持续下跌》，《中国出版传媒商报》2014 年 2 月 18 日第 016 版。

③ 甄西：《美国杂志行业危机四伏》，《出版参考》2014 年 2 月合刊。

可见，在我国传媒产业（2013 年总体规模比上年增长 16.2%）[①] 乃至文化产业（2012 年法人单位实现增加值比上年增长 16.5%）[②] 整体扩张的大背景下，纸刊作为一个行业在原来结构中的位置在负向变化。

三　占据与不占据搜索“领航者”位置的电刊

（一）占据搜索“领航者”位置电刊的成熟模式与探索模式

依托纸刊成为搜索“领航者”的电刊网络期刊全文数据库，目前已形成成熟营利模式——靠卖网络期刊全文数据库内容，即第一次售卖营利。从国内的情况来看，据《中国期刊年鉴（2009 年卷）》介绍，2008 年我国网络期刊全文数据库销售收入已达 3.6 亿元（主要由中国知网、万方数据、维普资讯三家分享），年度增长幅度达 75.4%！而且，网络期刊全文数据库运营商“中国知网”，凭借其“中国学术期刊网络出版总库”，已把用户拓展到了 43 个国家、地区的 560 个著名高校、科研机构、政府、党派组织、公共图书馆、企业、医疗机构，其用户量年度同比增长 21%，已成为美国、西欧、日本等发达区域研究中国问题的首选

---

① 崔保国、何丹嵋：《中国传媒产业规模将超万亿元——2014 中国传媒产业发展报告》，《中国报业》2014 年 05（上）。

② 张晓明、王家新、章建刚：《中国文化产业发展报告（2014）》，社会科学文献出版社，2014，第 16 页。

资源；另一家网络期刊全文数据库运营商“万方数据”，则把其“数字化期刊群”，与博、硕士学位论文捆绑发行，在北美等地的中小型高校、医院等机构中获得了较多应用。从国外的情况来看，2008 年，如著名的爱思唯尔公司，其以网络期刊全文数据库为主的数字化产品和服务收入达 34 亿欧元，已占其总收入的 50% 以上。[①]

但是，另一种依托社交媒体占据搜索“领航者”位置的电刊，如其典型飞丽博（Flipboard），则仍在探索属于自己的营利模式。

像网络期刊全文数据库一样，靠卖内容（即第一次售卖）营利可能吗？飞丽博曾认为其用户会为有价值的内容付费，并鼓励进入飞丽博的电刊制作者针对优质内容进行收费，以便飞丽博能从中分成。但让受众为消费类电刊内容付费的努力目前还鲜有成功者，失败者倒是不少。例如，全世界首份以 iPad 为专有平台的电子报刊“The Daily”，在创刊之初就采用了付费订阅模式，其背后虽有新闻集团的强大支撑，但订阅者仍寥寥，年均亏损超过 3000 万美元，最终不得不在 2012 年 12 月宣布停止营运，惨淡收场。如今，登录飞丽博，你很难找得出需要付费阅读的内容，看来依靠第一次售卖营利的构想，多半也只能停留在飞丽博的商业计划书上了。

① 资料来源：http：//www. reed - elsevier. com/annualreport08/overview/Pages/strategy. aspx。

那靠做广告（即第二次售卖）营利可行吗？飞丽博卖广告的方式，是将广告商整版的广告插入第三方电刊的版面内，再将广告收入与电刊制作方分成。但实践证明，飞丽博目前还没办法让电刊制作方相信，将飞丽博的广告塞进自己的电刊，可以增加他们的收入或者给他们带来好处。因为对于个人出版者或者小型的电刊制作公司而言，与飞丽博合作加塞广告带来的收入，几乎可以忽略不计；而大牌电刊同样也开始对飞丽博的价值、变现能力产生怀疑，例如，《纽约客》和《连线》杂志，目前都已经不再定期在飞丽博更新自己的内容。“在传统的印刷品时代，广告商投放的纸媒广告都是以美元为单位计费，到了互联网时代，线上广告的计算变成了以角为单位，而到了移动互联网时代，广告费用的支付单位变成了可怜的美分，这令人感到震惊！”飞丽博的创始人麦丘（Mike McCue）的这番感叹是准确的，靠做广告无法真正解决飞丽博的营利模式问题也是确实的。

提供公关服务，即将电刊作为企业营销、客户关系管理的工具来售卖的模式，飞丽博目前已在尝试。例如，李维斯（Levi’s）作为一个有代表性的服装品牌，已开始与飞丽博合作推出了一本名为《现代前沿》（*Modern Frontier*）的电刊，并通过飞丽博的平台与读者互动。这种被称为内容营销（Content marketing）的模式，也许可以带来更好的营销效果和更高的广告价格，但并非一个可以规模化运作的营利模式。因为没有多少广告商像李维斯一样，也想当内容创造者，并会为此掏钱埋单。

对于已经坐拥亿万用户的飞丽博而言，转型做电商导购者的想法也是有的。在发布2.0版本以前，它就在尝试着朝这个模式走近，而在2.0版本发布后，飞丽博已开始与电子商务网站Etsy.com合作了——受众在阅读由Etsy.com制作的电刊内容时，可以点击图片内物品边的“购买”按钮，从飞丽博上跳转至Etsy.com完成购买。这种将应用内流量转化为购买行为的尝试，为飞丽博带来了新的收入来源——每一笔通过飞丽博完成的购买，都会被收取5%～12%的提成，这远高于一般的电商导购提成比例。飞丽博打的算盘，就是与更多把提供电刊内容当作营销手段的第三方合作，打造自己的电商导购平台。

可见，除了提供技术服务的模式外，飞丽博已尝试过前述另外四种电刊营利模式，但所有这些尝试，仍是在探索，尚未有一个是成熟的。

（二）不依托搜索“领航者”位置其他电刊的3种模式

如果把电刊的行销视为一种“零售”，那么人类历史上的6次零售革命，及与之相应产生的6种零售业态，显然可给电刊的行销以启发。从自然销售到集中销售，形成第一次零售革命，百货公司是其典型业态；自助销售出现，形成第二次零售革命，超市是其典型业态——不仅集中配货，而且开始用计算机管理零售数据，并通过数据挖掘拓展销售；品牌销售形成了第三次零售革命，其典型业态是专卖店；便利销售形成了第四次零售革命，其典型业态是24小时服务的连锁便利店；体验销售形成了第五次零售革命，其典型业态是集吃、购、玩于一体的超大规模购物中心

（Shoping mall）；线上销售形成了第六次零售革命，其典型业态是电商商城。从销售角度观察，这6次零售革命，大多是一步步拓展零售渠道，一步步在零售行为上附加新的功能，一步步把零售者转变为产品、服务销售机会的提供者，一句话，就是从卖产品一步步转型为卖服务。

这种趋势其实也在期刊业上演着。传统的纸刊业，有三次售卖，第一次售卖是卖产品（纸刊本身），第二次售卖是卖广告（纸刊吸引到的受众群），第三次售卖是卖品牌资源（纸刊形成品牌后的价值）。从第一次售卖到第三次售卖，从卖产品到卖服务的转型是明显的线索。而目前电刊中唯一形成成熟营利模式的网络期刊全文数据库，其实是在某种程度上把第一次售卖转变成了卖服务：无论是向机构销售数据库，还是向个体受众出售单篇文章，都已不再有实物“产品”流通，它实质上已是在出售一种阅读服务。

这就意味着，电刊的行销，其实是在寻找受众能够接受，且电刊生产者赖以生存的提供阅读服务的模式。目前，不占据搜索“领航者”位置的其他电刊，所进行的这种寻找努力大致有以下3种。

1. 联营模式

美国的电刊企业“下一期”（Next Issue Media）新近推出的电刊付费订阅模式为：用户只需每月支付9.99美元，即可阅读其软件上所有的月刊、半月刊；如支付14.99美元，可阅读其软件上包括周刊在内的所有电刊。这样，用户就不用为每一种电刊付费，既方便又能降低费用，还可以随时阅读任何感兴趣的杂志。

“下一期”上的电刊可以在线阅读，也可以保存下来供离线阅读。“下一期”的新用户可以有一个30天的试用期，未来该公司还将添加社交分享和文章管理等功能，让人们更方便地管理、获取和分享杂志中的信息。

目前，“下一期”上有32本主流期刊——包括《人物》(*People*)、《魅力》(*Glamour*)、《纽约客》(*New Yorker*)、《财富》(*Fortune*)、《名利场》(*Vanity Fair*)、《时代周刊》(*Time*)、《体育画报》(*Sports Illustrated*)等著名期刊的电刊。但该公司是一个合资企业（和多家杂志出版商都有合作），而且合作商数量还在不断增加中。

这是一种相当好的营利模式——对于“下一期”来说，其合作电刊和受众越多，收入也会越多，另外还可以和期刊社进行广告分成；对于期刊社来说，这种模式不仅降低了大量的生产物流等成本，还能和网络推广、市场营销更好地结合；对于受众来说，优惠是显而易见的。总之，如果说网络期刊全文数据库的行销策略，是向机构销售数据库、向个体受众出售单篇文章，那么联营模式电刊则是直接向个体受众出售小型数据库——亚马逊（Amazon）推出的每月收费9.99美元的60万种电子书和有声书“无限量”阅读服务，也属于这种模式。

目前，国内还没有电刊经营者能像“下一期”那样，整合众多的主流消费类期刊社的电刊资源，直接向个体受众出售小型数

据库。但是，随着文化体制改革的推进，“联营模式”电刊还是有可能在国内出现的。

2. 微支付模式

在纸质产品广告暴跌的背景下，许多报刊的电子版推出了收费墙计划，但是这种模式在绝大多数情况下是行不通的。绝大多数网民不仅不愿意为阅读文章付费，而且即使网站要求他们在阅读内容之前先成为注册用户，也会令他们拂袖而去。为什么会这样？用户体验专家指出，这不仅关乎金钱成本，还关乎受众的互动成本——注册一个账户，需要投入时间、脑力，会给受众增加负担。

不过时下，在线微支付正成为电子报刊未来生存拓展的一种可能模式：在谷歌的支付产品“钱包”中，有一项使命是进行试验，即在支付极度简单的基础上，网民是否会为浏览一个网页付费？在谷歌提供的例子中，一个网页的部分文字，可以提供给受众免费阅读。而另外一部分文字暂时无法看到，受众点击一次，即可用谷歌钱包完成支付，此后这些隐身的文字将会显示出来。和传统网站的耗时耗精力的注册相比，这种点击一次即可付费的模式更加简单。

目前，以高清电影库著称的视频网站威米欧（Vimeo），已开始接纳微支付，即网民欣赏完其视频之后，可以自行决定是否付费，网站收入取决于用户的满意程度。各种类型的不占据搜索“领航者”位置的电刊能否这样呢？威米欧的实践起码打开了一种颇有吸引力的可能性。

3. 众筹模式

众筹思维目前已开始渗透到各行各业，数字出版行业也不例外。例如，加拿大的社交写作平台“沃帕德”（Wattpad），就已在用这种方式加强用户的黏性。在沃帕德上，创作者可将自己的免费作品发布出来，但每次只能发布一个章节。受众一边阅读，一边可以和创作者互动。创作者则通过受众的反馈，来接续完成后继的章节。这种方式大大增强了创作者与受众间的联系。在此基础上，沃帕德推出了自己的众筹平台“粉基金”（FanFunding）。在这个平台上，创作者可以为自己的写作点子筹措资金，也可以为已经写好的作品筹集专业化排版和印刷的费用。不过，每个众筹项目须在30天内筹集到预先设定的资金额度，如果未达到目标额度，则受众已经支付的钱会被退回。

采用相似众筹模式的还有英国的众筹平台“未装订”（Unbound）。在这个平台上，创作者获取的收入比例有时远高于与传统出版社合作。通常，作者从传统出版渠道只能获得5%～10%的版税，但在未装订平台上，他们能获得高达50%的利润分成。尽管创作者一开始会赚得比较少，但随着粉丝量的增多，其收入也可能水涨船高。

将众筹和粉丝经济相结合的众筹模式虽是一种创新，但其本身仍面临着进入国内文化产业的机制性缺陷——相关公司运作不规范，参与项目的粉丝又基本上不能参与项目管理，因此无法形成实质上的监督。如天娱的众筹的一些项目，就常被指责为“变相的圈钱运动”。所以，该模式要真正进入国内数字出版业乃至

电刊业，一要做到项目前期进行筛选，二要做到创作者、生产者必须不断激活、更新信息，不断给予粉丝参与感和回报。一旦创作者、生产者真正“读懂”了粉丝，将粉丝与自己以一种互利的规范机制凝聚起来，那么众筹模式在电刊业落地也就为期不远了。

总之，联营模式、微支付模式是在第一次售卖上（即前述电刊五种营利模式的第一种）做文章，而众筹模式则沿着价值链深入创作领域，体现了创作和消费融合的趋势，值得特别关注。另外，就不同类别的电刊而言，消费类电刊的行销战略应该更加开放，因为目前尚未有成熟的行销模式；专业类电刊的行销战略往往较谨慎，因为成熟的行销模式已经出现。

第七章　消费：从突破时空限制，到融入创作生产

如果从“消费”环节来观察期刊业的变迁与延续，那么先得对一个范畴有所理解——受众。传播学者莫利在其知名著作《电视、受众与文化研究》中提出这样一个观点：“我们最好把受众看成次团体和亚文化层层重叠交织的复杂模型，而不是由未分化的个体构成的群体。我们不能站在决定论者的立场上，认定一个人的观念/文化框架毫无例外地由他们的社会位置所决定。”① 该书还借文献内容指出：“近来，媒介研究中的受众研究大致建立在两个假设之上：（a）在多数事情上，受众总是主动的（在那些重大事件上也是这样）；（b）媒介内容是‘多义的’，或者说媒介内容对任何诠释都是开放的。”② 其中的意蕴我们认为至少包含了两个方

① 〔英〕莫利：《电视、受众与文化研究》，史安斌主译，新华出版社，2005，第99页。

② 〔英〕莫利：《电视、受众与文化研究》，史安斌主译，新华出版社，2005，第21页。

面：在新的媒介环境下，“受众”一方面是一个无法回避、替代的范畴，另一方面仍是一个处在建构之中的范畴。像所有媒介一样，无论是纸刊还是电刊，它们要在新时代生存，就必须知道自己的受众是谁（或可能是谁），以及受众的偏好、特征等。而要做到这一点，对历史上受众研究理论进行一番轮廓性的梳理就是必要的。

一　受众理论的一种轮廓：从客体，到主体，再到主体间性

1914 年，美国的广告商们为了防止报刊社虚报发行量，联合起来组织了“报纸发行数字稽核局”，通过各种途径调查报刊的发行数量。这被认为是受众研究的源起。在长达一个多世纪的发展中，受众研究理论大致经历了将受众视为传播过程中的客体、主体，进而更加重视主体间性的过程。

（一）客体倾向的皮下注射、意见领袖中介理论

在受众研究早期，传播过程中的利益相关者往往是为了实现某个特定的目标，或维护某项实际的利益而进行研究，如上述“报纸发行数字稽核局”就是典型。研究者往往采用实证方法，注重将受众作为传播客体的“效果”，即媒介对受众做了什么。

起初，有研究者认为，传播媒介几乎具有一种可以改变受众思想和行为的魔力。这种观点有时被称为“皮下注射”理论——媒介信息被看作直接注入受众的头脑里，而受众则无力反抗。这种理论隐含了两个假设：第一，受众属于“群众社会”，因为工

业化摧毁了传统社会里人们之间的许多联系环节，组成现代社会的个人是孤立的“原子”，而大众传媒提供了唯一的参照点，所以传媒信息就像皮下注射器一样，轻松注入群众社会，造就无力抵抗传媒说服力的受众。第二，媒介信息影响受众的心理机制是刺激—反应，“刺激物（党派政治广播、商业广告节目、暴力剧、色情电影）和一套直接的反应相对应（投票行为、消费支出、暴力犯罪的增长、强奸罪）”。[①] 持“皮下注射”理论观点的代表是法兰克福学派的诸学人，例如，霍克海默和阿多诺在《文化工业：作为大众欺骗的启蒙》中指出：“不要指望观众能独立思考：产品规定了每一个反应，这种规定并不是通过自然机构而是通过符号做出的，因为人们一旦进行了反思，这种结构就会瓦解掉。”[②]

但是，早在20世纪30年代，美国的研究人员就在实证研究过程中发现，“皮下注射”理论及其刺激—反应心理机制，将媒介和受众的关系描述得过于直接，缺少了中间环节——假设家庭、朋友等其他社会结构、因素的影响并不存在，这显然失于简单。在研究政治宣传如何影响选民决策的有关项目中，1955年卡茨和拉扎斯菲尔德发展出了“意见领袖中介”理论及其“两级传播”支撑模式：在“两级传播”模式中，“‘意见领袖’和人际关系在媒介信息和受众之间起到了中介作用。受众不再被看作原子化个

① 〔英〕巴勒特：《媒介社会学》，赵伯英、孟春译，社会科学文献出版社，1989，第9页。

② 〔德〕霍克海默、阿多诺：《文化工业：作为大众欺骗的启蒙》，单世联编选《文化产业研究读本（西方卷）》，上海人民大学出版社，2011，第45页。

体的集合；相反，受众是由不同的社会群体组成的，这些群体的特点影响了个人对媒介信息的解读”。[①] 通过将人及其相互关系作为对象及基点，来理解大众媒介传播效果，使研究者关注到了个人特征、社会类别和受众环境等因素，并且逐渐认识到，大众传媒并不具有决定论意义上的效果——它们只是与各种中介因素或是相互竞争，或是相互补充。这样的思想在20世纪60年代初期，为许多研究者所持。

（二）主体倾向的使用与满足理论

20世纪六七十年代，在美国的受众研究中，逐渐出现了一种变化，即“从思考媒介对受众做了什么的思维习惯转向思考人们对媒介做了什么”。[②] 例如，麦奎尔在《大众传播社会学》中，列举出了不同媒介所能满足的特定受众需要：一些娱乐媒介形式为受众提供逃离每天枯燥单一的家务劳动的机会，这样就满足了个人放松的需要；同样，新闻媒体可以满足人们浏览和“调查”一下他们生活的社会中发生的事情的需求……这类观点，被称为“使用与满足”理论。该理论的核心前提观念是：当受众读广告、看录像或者浏览报刊时，他们只是在满足已经存在的需要。

“‘使用与满足模式’之所以引人注目，在于它抓住了这个模

---

① 〔英〕泰勒、威利斯：《媒介研究：文本、机构与受众》，吴靖、黄佩译，北京大学出版社，2005，第141页。

② 〔英〕泰勒、威利斯：《媒介研究：文本、机构与受众》，吴靖、黄佩译，北京大学出版社，2005，第144页。

式与传统的效果研究之间的主要区别：以研究人们如何处置媒介取代了研究媒介如何对付人们”。[①] 在指出受众不是等待被媒介信息填满的空容器的同时，该理论还引入了这样的观念：每个人的心理机制、背景不同，需求也不同，所以受众可以从媒体中以不同的方式吸收和建构意义。

但是，“使用与满足”理论的局限也是明显的：第一，在评估受众对媒体的使用与满足时，没有考虑媒体的内容及其质量，因为使用未必会导致满足，所以该理论对受众选择某类媒介形式背后的复杂原因关注不够；第二，该理论还被指责没有足够的社会学视野，因为它制造了一种仅仅用心理机制来解释媒体消费的模式，这就割裂了受众与社会历史的联系，从而没有认识到权力关系对不同媒介消费方式的影响。

（三）倾向主体间性的交往理性、解码编码理论

哈贝马斯在对“公共领域”的早期研究中，曾受把受众作为客体的皮下注射等理论的影响，认为在政治经济结构势力“工具理性”的渗透之下，受众自主性逐渐消失，不自觉地走进大众文化包装精美的价值观及假象中，成为被动、驯化、非理性批判的主体；但是，通过提出“交往理性”概念，他在相当程度上将受众研究引入了主体间性的领域——“如果我们真想接手韦伯以来

① 〔英〕麦奎尔、〔瑞〕温德尔：《大众传播模式论》，祝建华、武伟译，上海译文出版社，1987，第102页。

社会学专业范围内所讨论的历史难题，那么，一种交往行为理论是必不可少的”。[①] 交往行为首先是指，使参与者能毫无保留地在交往后意见一致的基础上，使个人行动计划合作化的一切内在活动。哈贝马斯指出，人类的理性不仅有目的理性（或工具理性），而且具有“交往理性”。前者假设人们有意识地影响他人，以达到其目的为宗旨；后者则假设主体皆自主并真诚地在互动沟通过程中追求真实。若没有压迫性社会力量的介入，所有参与传播的人们都有均等的机会，自主地选择，使用言辞及行动，相互质疑言辞内容的真实性、合理性，即实现有效沟通。

在对“交往理性”的阐述中，哈贝马斯所强调的交往理性主体，并非工具理性中的以自我为中心的主体，而是相互沟通的主体，即处于相互尊重、意见论辩过程中开放的主体。具体来说，记叙式的言语行动对应于客观世界，其有效性要求是真实性；调节式的言语行动对应于社会世界，其有效性要求是正确性；表现式的言语行动对应于主观世界，其有效性要求是真诚性。所有的言语行动，都要求主体说出可理解的语言。如此，真实性、正确性、真诚性和可理解性构成了主体间理想的言语情景。这一定程度上呈现了人类传播活动的本质和理想境界，树立了具有主体间性基础的传播价值理念。

霍尔的“编码—解码”理论虽然是针对媒介文本的，但其理

① 〔德〕哈贝马斯：《哈贝马斯文集第四卷交往行为理论》，曹卫东译，世纪出版集团、上海人民出版社，2004，第7页。

论贡献主要表现为也在主体间传播关系中重构了受众观念。用他的话来说，在传播过程中，“不赋予‘意义’，就不会有‘消费’”；“‘编码’和‘解码’的诸多环节是确定的环节”；在一个信息“产生效果（不管如何界定），满足一个‘需要’或者付诸‘使用’之前，它首先必须被用作一个有意义的话语，被从意义上解码”；“实证主义研究中辨识出来的许多典型过程本身就是由理解的结构来构架的，也是由社会经济关系来生产的”。[①] 在此理论基础上，霍尔认为编码与解码之间没有必然的一致性，并提出了三种假设的解码地位：以接受占统治地位的意识形态为特征的“主导—霸权的地位”；大体上按照占统治地位的意识形态进行解释，但加以一定修正，以使之有利于反映自身利益、立场的“协调的符码”；以及与占统治地位的意识形态完全相反的“对抗的符码”。

“编码—解码”理论的这种视角的转变，不仅意味着发现了积极“生产”意义的受众，而且把受众纳入了主体间传播关系之中，揭示了阐释过程中所隐含的社会经济关系。

二　选择：“一人受众”时代，受众不在乎什么？关注什么？

时下，“一人受众”时代正在走入我们的视野。所谓“一人受众”，是指完全以个体受众为核心的媒介理念和实践。以往，

① 〔英〕霍尔：《编码，解码》，单世联编选《文化产业研究读本（西方卷）》，上海人民出版社，2011，第319～321页。

无论纸媒（如纸质书、报、刊）还是电媒（如电视、门户网站），都是先有内容，再传播给受众去看，受众的选择对媒介生产、传播缺乏一种机制性的反馈和介入；而进入“一人受众”的以个人为核心的时代后，内容将围绕个体受众展开，因为受众已经可以根据自己的喜好来选择媒介内容。目前热门的IPTV、博客、微信甚至传统的DM纸刊等，都已在围绕着这一新趋势运作。

（一）不在乎后台技术

在这个新旧转换过渡的时代，经常有受众声明：某某事情发生了，但它对我来说毫无意义；而另一些从事过媒介工作的人，则会就此解释相关的后台技术是怎样的，所以事情必然是这样的。对于那些“内行”的解释说明，受众一般充耳不闻，因为他们根本不关心后台技术方面的事，他们只希望自己的问题得到解决，以便于其阅读和观看。

例如，目前期刊设计是需要有大量的图像资料做支撑的，很多期刊美编习惯于根据电脑显示器上显示的图像颜色做设计，到最后发现纸刊印刷出来之后，颜色与之前在显示器上看到的相差很大。这是因为美编在搜集图像资料的时候，很多图像的颜色模式是RGB颜色模式——电脑显示器上看到的图像的色彩呈现大多是此模式。RGB颜色模式，是由红、绿、蓝三种颜色喷枪在显像管上投射所得到的颜色。而印刷所用的是CMYK颜色模式，即由青、品红、黄、黑四种颜色按照量的配比得到的特定颜色。从两种模式的成色原理来看，肯定会出现误差。在实践中，CMYK颜色模式所定义的色彩，要比 RGB 模式定义的色彩要少得多，所以在印刷后，有时颜色“失真”现象会相当严重。此种情况下，当有受众对颜色的不合理搭配提出批评时，如果期刊人心里的回应是“这是个后台技术问题”，那么，千万别试着跟这位受众说教，告诉他这令人不快的状况实际上是“合理”的。作为期刊人应该认识到，这是受众在为自己指出需要修正的地方，让你改进后更好地去赚取他们的钱。做电刊时，这类问题也一样存在。

（二）不在乎数字版权管理（DRM）

不少做期刊的单位都开始把数字版权管理（DRM）当项重要工作来做了，但在电刊（尤其是消费类电刊）对营利模式、屏幕元素设计艺术化、媒介比较优势等核心问题尚处探索阶段的情况下，数字版权管理（DRM）之类的问题是明显扰人视线的，因为一方面，当普通受众需要某个对之有价值的内容时，他只是搜索并下载罢了，并不在乎这种下载是合法还是非法的；另一方面，在当前的网络环境下，对于决心要盗版的人来说，攻破或绕过 DRM 简直是小菜一碟，所谓的 DRM 措施，只是增加了相关成本，妨碍了那些没有耐心或时间多打开些网页的人。所以，期刊人目前确实没必要太过于为非法下载而头疼，而应把精力集中于那些更核心的、有助于收获实际销售量的问题，简言之，就是先把必须解决的生存相关问题解决掉，再去解决或担心那些难以量化的、事关发展的问题。

（三）关注和自身相关的专业内容

面对正在到来的“一人受众”时代，以精确细分用户为特征的DM期刊（直邮，不进行第一次售卖）的调整体现了一种趋势——为了保持对受众而言的专业性，传统意义上的“行业”正被打碎、切割，“行业”变得更加细小了。

例如，在目前国内最大的DM期刊运营商慧聪国际的行业体系当中，传统的“汽车行业”，已经“碎片化”成了整车、汽车用品、汽车零配件、汽车保养与维修四个更为细小的行业。之所以这样划分，是为了保持其DM期刊——《慧聪商情》的专业性。这是一本采购指南，内容是采集供应商的产品说明及报价体系等，经编辑后发行到采购者手中。其收益来自第二次售卖——广告。要保证DM期刊的广告效果，通常有两种途径：一是扩大发行量，但这样无疑会增加成本，迫使运营商把广告的价格定得很高；二是更加精确地细分人群，只要把期刊直投发行到那些对其内容最有需求的用户手里就可以了。慧聪国际的调整措施属于后者，这相当于用自己调整后的发行体系提高了广告的性价比。

受众在购买汽车、使用汽车甚至使用不同年限的汽车时，所关注的问题是不一样的，慧聪国际正是据此发展出了针对性很强的DM期刊体系，而此调整也使它获得了在该领域的生存空间。

（四）关注和自身相关的数据

互联网、移动互联网广泛应用的一个结果，是使得大量生成的数据信息可以被智能、有效地利用起来，并引导社会资源更加有效地配置。从生产、传播、营销者的角度来看，利用数据分析，来预判受众需求，智能匹配供需信息，定位个人兴趣、爱好，甚至获取个人隐私，从技术上都已可行；同时，从受众的角度来看，也开始更加关注与自己相关的数据。

例如，对于一份面向都市中年女性的美容化妆类期刊来说，其受众关注的与自己相关的自身肤质数据、同类肤质人群购买使用数据、不同产品品牌比较数据、线下售后服务数据等以往难以获得的数据服务，目前都已有了获得的可能。如果该期刊真的能提供这些信息服务，不仅将极大地增强其受众的阅读黏性，而且这些服务可以和受众的相关购买行为挂钩，为其带来经营广度、深度的扩大和增值。

当电刊从经营内容转向经营人群（纸刊也走过了相似的发展道路），营利模式从消费性文化服务业转向生产性文化服务业时，期刊行业的重构和复兴也就显出轮廓了。

三　接受：自由得失·由冷到温·集于家庭·行为可溯

（一）视频崛起，使期刊接受“自由”发生丧失与赢得双向变迁

2013 年，中国新闻出版研究院发布的第十次全国国民阅读调查结果显示：2012 年，人均读报、读书、阅读期刊为 47.48 分

钟，比上年减少了1.17分钟；而人均上网、手机阅读、电子阅读器阅读时间为66.32分钟，比上年增加了2.06分钟。其背景是德波所言的“景观社会”在中国的发展：“在现代生产条件无所不在的社会，生活本身展现为景观（Spectacles）的庞大堆聚。直接存在的一切全都转化为一个表象。”[①] 因为上网、手机阅读及电子阅读器阅读都需通过一个共同的介质——屏幕，也就是说，当下屏幕阅读的特点是，内容影像化后，阅读才成为可能。在此基础上，被影像化的内容的成分也日益发生着变化——屏幕上密密麻麻排列的文字符号，越来越为人们懒于接受；影像、活动的影像尤其是活动影像与声音相结合的“视频”，越来越成为内容的主流。

顺应此潮流，目前许多期刊出版商都开始涉足在线视频业务。例如，《福布斯》（*Forbes*），美国商业期刊的翘楚，已经建成两个工作室，每周生产60段以上的视频。福布斯的管理层将具备视频生产能力的编辑人才称为“制编人”（Preditors），意为制作人和编辑的结合体（A combination of producer and editor）。这些制编人善于把握纸质媒体、网络媒体和视频之间的关联。他们选择在适当的时候，组织和策划视频片断原创，进而对它们进行编辑加工，并协助其他编辑恰当地使用在线视频。

对此变迁，一篇名为《从“读时代”走进“阅时代”》的文章搬出了人类生理进化依据：[②] “人类接受影像信息的功能至少进

---

① 〔法〕德波：《景观社会》，王昭凤译，南京大学出版社，2006，第3页。

② 陈海燕：《从“读时代”走进“阅时代”》，《出版界》2012年第10期。

化了300万年，而读的能力人类只练习了几千年，作为个体则不过学了几十年，儿童才学了几年。所以，图能吸引任何眼球就不奇怪了，而儿童喜欢图更是天经地义。”

还有人搬出了哲学论断——阿恩海姆曾针对“视觉思维”写道：“我们的视觉分析系统还能够进一步地得到发展，并且还可以唤起能够‘透视’事物的那些潜在能力。而这些潜在能力的发挥，又能帮助我们弄清那些不能够分析的事物的本质。”[①] 杰姆逊则在分析从现代向后现代转变的文化逻辑时指出，“形象这一现象带来的是一种新的时间体验，那种从过去通向未来的连续性的感觉已经崩溃了，新时间体验只集中在现实上，除了现时以外，什么也没有”。[②]

总之，在大众媒体曾深深依赖文字的地方，已经越来越多地转向对影像尤其是视频的使用了。这导致了双向的重要变迁：一方面，随着以视频为代表的影像越来越多地出现于期刊等大众媒体，一个更为强调速读的媒体环境到来了，人们发现自己越来越多地失去了“翻页”的自由——视频已通过后台技术以每秒24～30帧的速度（前者为电影后者为电视）越俎代庖、不由分说地替受众“翻页”了；另一方面，受众自由地创建内容并且相互推荐的机制逐渐形成，创作、传播及消费的界限越来越模糊了，受众

① 〔美〕阿恩海姆：《艺术与视知觉·引言》，滕守尧、朱疆源译，四川人民出版社，1998，第3页。

② 〔美〕杰姆逊：《后现代主义与文化理论》，唐小兵译，陕西师范大学出版社，1987，第182页。

已有力量积极参与到一个作品或一起事件的演变过程之中。

（二）据“参与程度”区分冷、热媒介的理论，昭示期刊由冷变温

麦克卢汉《理解媒介——论人的延伸》中指出：“热媒介只延伸一种感觉，并使之具有‘高清晰度’。高清晰度是充满数据的状态。照片从视觉上说具有高清晰度。卡通画却只有‘低清晰度’。原因很简单，因为它提供的信息非常之少……与此相反，热媒介并不留下那么多空白让接受者去填补或完成。因此，热媒介要求的参与程度低；冷媒介要求的参与程度高。”①

以参与程度来衡量，在纸刊时代，受众独掌“翻页”的自由，控制着阅读的节奏，所以期刊是不打折扣地要求受众高度参与的“冷”媒介。电刊出现后，尤其是电刊中“视频”内容逐渐增多后，一方面，受众“翻页”的权力被后台技术所取代，自由丧失，参与程度降低，媒介性质变“热”；另一方面，受众通过创建内容、推荐分享等行为，获得了前所未有的与媒介、其他受众互动的手段，纸刊的“权力垄断”及与受众的距离感似乎都在消解，期刊的媒介性质从这一角度看，变得更“冷”了。向“热”“冷”两个向度的发展，使期刊整体上正由原来的“冷”变“温”。

---

① 〔加〕麦克卢汉：《理解媒介——论人的延伸》，何道宽译，商务印书馆，2000，第51～52页。

（三）环境嬗变：媒介使用空间集中于家庭，智能手机在等人时使用最多

期刊整体上“温度”特性的变化，使其接受场合亦发生了嬗变。美国报业协会（Newspaper Association of America）于2012年1月20日至2月1日的10天间，针对美国2158名读者所做的“报业多平台使用”（Newspaper multiplatform usage）调查（以下简称“美国报业协会调查”）的结果，对期刊接受场合的变迁颇有指示意义（见表7－1）。

表7－1　不同媒介平台的使用场合调查

单位：%

类　型	印刷版	电脑	智能手机	平板电脑
起居室、餐厅	48	43	37	65
厨房	34	12	19	30
床上	11	13	42	50
浴室	13	6	25	20
阳台/院子	8	6	12	19
咖啡馆/饭店	10	6	25	18
通勤时间	5	4	26	13
等人时	14	4	44	23
工作时	24	37	39	26

资料来源：美国报业协会调查。

从“美国报业协会调查”得到的分类数据可以看出，媒介的使用空间如今很大程度上集中于家庭；电脑在家庭及工作场合使用较多；智能手机的使用场合比较多元，在等人时使用最多；而

平板电脑在家庭中的使用已相当广泛。

而且，受制于空间及硬件条件，印刷版、电脑的使用场合相对较少，平均为1.9个场合；而移动性能大幅提高的智能手机使用场合，平均达到了3.4个，平板电脑的使用场合平均为3.1个。

印刷版和电脑的使用实际上存在着相互覆盖，也就是说，使用印刷版的场合一般也可以使用电脑代替。但是，移动媒体从空间上大大拓展了媒介使用的空间，把原来不太可能用来消费媒介的时间、场合也容纳了进来，因此，移动媒介与前两者间的生存态势有着巨大的不同。

（四）行为可溯，使内容生产及一、二、三次售卖形态变迁

其中最大的不同点，是移动媒介接受行为的许多细节是可查找、可追溯的。期刊业在纸刊时代，甚至在电视、电脑、互联网屏幕时代，都无法像在移动互联网屏幕时代这样，将受众购买、阅读、评论、分享及相关消费等每一个环节都形成数据库。在此基础上，包括期刊业在内的媒介及其延伸产业获得了新的发展空间。

首先，内容生产的低成本定制成为可能。期刊的用户都是谁，他们都分布在哪儿，年龄、性别、文化程度和收入如何，期刊消费规律，及生活其他需求如何，对于期刊社来说，理论上已可以通过后台技术精确掌握。期刊内容在原来大规模“制式”化的基础上，只需稍加有针对性的调整，便可实现低成本定制化。例如，在期刊业最发达的美国，受众的名字已开始出现于电刊内容中。

其次，第一次售卖（即卖内容产品）的渠道变短，原来的中间批发环节越来越失去其价值。一旦期刊社了解了自己的受众在哪儿，那么原来所谓的“主渠道”“二渠道”等就都失去了其存在价值，“内容—平台—用户”的最短化第一次售卖渠道一下子成为可能。例如，现在已有期刊社通过自己的微店进行销售，实现了第一次售卖渠道的最短化。

再次，第二次售卖（即卖受众产品）的面貌变化，纸刊时代那种简单地将受众打包作为产品卖给广告主的模式，越来越难以为继。广告主对广告投入的精确性、有效性要求越来越高，作为电商入口、内容植入广告等方式，有成为电刊广告主流的趋势。像前述电刊飞丽博的运作已经体现相关趋势。

另外，第三次售卖（即卖品牌产品）的领域有待拓展。在纸刊时代，基于期刊定位和内容领域的品牌商品延伸售卖的经典形式是有限的，如排行榜、会议、培训等就属这类形式。而在已经占有搜索领航者位置的电刊中，如我国的期刊全文数据库、美国的飞丽博，前者依托纸刊占位，主要售卖内容产品；后者依托社交媒体占位，主要售卖受众产品；至今两者仍没有形成售卖其品牌产品的模式。

四　认同：自我、社团身份强化，而族群、国家身份相对弱化

移动互联网屏幕的大行其道，使人类历史上第一次出现了多人际实时汇聚沟通日常生活化的局面。例如，在微信朋友圈中，

日常生活已经成了一场没有尽头的电话会议。这将对人的认同体系产生深远影响。

在现代社会中，个体作为社会成员需同时在多个层面保持身份认同——既要有对国家公民身份的认同，也要保持对其自身归属的族群认同及基于其他社会角色的集体归属感，当然还要有反省本质的自我认同。美国芝加哥学派的米德等学者认为，自我不是天生的，也不是本能地发展起来的，而是在与他人的互动过程中得到发展的。社团层面互动的空前发展（如微信朋友圈），使自我发展受社团影响加剧，且使社团作为“公共领域”的重要性日益强化。麦克卢汉曾指出：“任何技术都逐渐创造出一种全新的人的环境”，[①] 并进一步指出，人类从远古至今经历了一个部落化—非部落化—重新部落化的过程，即在洪荒时代，人是整体的人，是部落人，而不是被分割肢解的、专干一门的人；劳动分工、文字发明，使人成为分裂切割的、残缺不全的非部落人，机械印刷术和工业化则把人推向了非部落化的极端；电子时代来临之后，人不再能只专精一门，人不再是分裂切割、残缺不全的——这是更高层次的重新部落化过程。其“重新部落化”概念，有助于我们描述和理解移动互联网屏幕时代自我、社团身份强化的历史进程。

与这一强化进程相关联的，是族群、国家身份相对弱化。吉

① 〔加〕麦克卢汉：《理解媒介——论人的延伸》，何道宽译，商务印书馆，2000，第25页。

登斯认为，“我们生活在一个世界性的民族—国家体系之中”。[①]现代民族—国家（Nation - state）的重要特征是主权、公民权和民族主义，即在边界明确的主权疆域内，中央政府拥有无上政治权威；而在国家政治制度框架内，公民享有共同的权利、义务与身份；民族主义作为国家象征、信仰体系，表达了人们对具有明确主权的社会的认同，从而使自我归属为国家化的“民族”（Nation）的一分子。在人类历史上第一次出现的多人际实时汇聚沟通日常生活化局面，一方面使小群体（团体）之间的互动在个人日常生活中的比重骤然加大，另一方面必然会使制度层面的权力运作，如通过各种制度安排容纳、协调不同社会群体于国家体制之中，强化其族群、国家身份认同等，在个人日常生活中的比重降低，进而相对弱化。这显然对现代民族—国家的权力运作来说构成了新的挑战。

在应对此挑战的过程中，现代民族—国家需克服或利用 3 个趋势：首先是商品化，如微博、微信等传播工具都是作为商品出现的，这类技术商品在个人日常生活中的比重增加，意味着私人生活、公共生活的商品化程度加深。其次是空间化，如某个微信朋友圈的成员，可能在实际地理空间分布上早已超越国界，国家制度的权力运作在这种情况下如何延伸？其实相关命题暗含着冲突和挑战。最后是结构化，即“能够策略性地运用信息和传播设

① 〔英〕吉登斯：《社会理论与现代社会学》，文军、赵勇译，社会科学文献出版社，2003，第 181 页。

施的群体与不能这样做的群体之间，差距将会加大。甚至，最有可能受到不利影响的人，恰恰是那些传播新科技被认为能改善他们生存境遇的人：穷人，受教育程度低的人，与技术隔绝的人，以及挣扎着生存的小企业”。[①]

① 〔加〕莫斯可：《传播政治经济学》，胡正荣等译，华夏出版社，2000，第205页。

第八章　管制：从主体、模式与原则变迁，到双向权力转型

在期刊发展史上，学术期刊在发轫阶段发生的一种管制与发展间的互动，非常耐人寻味。1665 年，法国人创办了现代社会的第一种学术期刊《斯卡旺》学报；同年，英国人创办了第二种——《哲学会刊》；1670 年，德国才出现了学术期刊《百科探奇》。可从 17 世纪末到 18 世纪德国统一（1788 年）前，德国却后来居上，几乎主宰了世界学术期刊出版业。而且，在 1848 年，德国在世界上率先将出版管制模式由预审制改为追惩制，即将出版审查由出版前审查变为出版后审查；而相比之下，西方主要国家的严格媒体管制在 19 世纪六七十年代才基本结束。例如，英国的情况是："新闻自由的获取，在很大程度上要归功于人民反抗政府的英勇斗争。这些斗争的关键事件有：星室法庭（the Court of Star Chamber）的废除（1641 年）……以及实行于 1853 年至 1861 年的报刊税（即所谓知识税）的废止。正是经过了这些改革，人们

才可以说，报刊事业终于获得了自由。”[①] 可见，发展和管制之间，确实存在着某种逻辑联系。

一　主体变迁：从利益集团，到民族国家政府、国际组织及大公司

在现代社会第一种期刊——1588 年德国印刷商艾青格尔在法兰克福出版的半年刊《书市大事记》诞生之际，虽然古登堡印刷术已得到应用，但工业革命还没有发生，真正超越人类身体物理局限的机械复制技术的时代还没有来临，封建统治阶级作为最大利益集团的地位还相当牢固，因此，这时封建统治阶级对出版的管制，往往是出于政治动机。例如，“在 1529 年，亨利八世就开列了一张禁书单，从而开始了对出版业的控制，其目的在于筑起一道‘防波堤’，以阻挡日益高涨的新教潮流……在 1534 年的圣诞节，亨利八世又发布公告，规定印刷商在开张营业前须先行获得皇家许可”。[②] 对于违背管制规定者，统治者进行了坚决的处罚：早在 1540 年，英国枢密院就曾因为印刷有关政治问题的街头民谣一事逮捕了一些人；从 1542 年起，英国枢密院即不断以“用词不当”、煽动性言论或诸如此类的借口，对某些个人提出起诉；

---

① 〔英〕卡瑞、辛顿：《英国新闻史》，栾轶玫译，清华大学出版社，2005，第 3 页。

② 〔美〕M. 埃默里、E. 埃默里：《美国新闻史》，展江、殷文译，新华出版社，2001，第 10 页。

英国印刷商威廉·卡特因为印刷了赞成天主教的小册子，于1580年被逮捕，受尽折磨，在1584年被处以绞刑。[①]

进入机械复制时代以后，随着文化产业的出现，民族国家政府趋向于认为期刊是产生、传播民族情感的重要工具，如果不向本国受众传播本国的声音，那么本国公民的文化表达权、社会凝聚力和国家认同就会有所损失，所以，民族国家政府倾向于扶持本国期刊产业，抑制别国期刊产业的输入。例如，在1965年，加拿大政府就通过《所得税法》第19条及《9958关税条例》的生效，来抑制美国期刊加拿大版的冲击，保证本国期刊产业的广告收入。其中，《所得税法》规定：加拿大企业在本国期刊上刊登广告时，可以享受税收减免——额度通常为利润的50%；而在外国期刊上登广告时，不能享受广告退税的优惠。而所谓加拿大期刊必须符合两个条件：员工数量的3/4以上必须是加拿大公民，且加拿大公民至少拥有3/4的股份。但是，根据别的条款（“祖父条款”），《所得税法》把两家在加拿大发行已久的美国期刊《时代周刊》和《读者文摘》仍视为加拿大期刊。《9958关税条例》则禁止以下两种杂志进入加拿大海关：第一，外国的特刊，又叫分销版、地区版，内容与原版不完全相同，并增添了针对加拿大客户的广告；第二，原版的外国期刊，但针对加拿大客户的广告版面超过了总广告版面的5%。在以上两项法律措施实行以

① 〔美〕M. 埃默里、E. 埃默里：《美国新闻史》，展江、殷文译，新华出版社，2001，第10~11页。

后，加拿大的期刊出版商最大的竞争对手《读者文摘》和《时代周刊》的优势依然，并且因此避免了来自美国其他同行的潜在竞争。于是，加拿大政府在1975年采取了更为大胆的管制措施——规划制订《C—58》法案（即《外国出版商广告服务法》），修订《所得税法》，取消了《读者文摘》和《时代周刊》广告收入的纳税豁免权。另外，加拿大政府还通过邮政补贴、财政拨款等政策手段，来保护、扶持本国的期刊产业。

随着电拟复制技术及地缘文化产业时代的到来，在发达国家的期刊市场中，只有大公司才有能力发行、推销新的期刊，主要市场份额已被少数大公司所把持，于是其他期刊公司急于在超越国界的地缘文化市场中，寻找新的受众，兼并其他媒介。[①] 顺应文化产业大公司的在发达国家之间平息贸易纠纷，并向发展中国家输出文化产品的要求，有关国际组织建立并发挥出了越来越大的作用。其典型代表有世界贸易组织（WTO，简称“世贸组织”）、国际电讯联盟等。

在平息发达国家之间文化贸易纠纷方面，世贸组织仲裁加拿大和美国之间的期刊贸易纠纷案例颇具代表性。直到20世纪90年代前期，加拿大主要的期刊支持措施仍然是《所得税法》第19条和《9958关税条例》，尽管这两项法规不很“到位”，但还是为加拿大期刊业提供了一套稳定的保护性制度框架。事态从1993

① 〔英〕泰勒、威利斯：《媒介研究：文本、机构与受众》，吴靖、黄佩译，北京大学出版社，2005，第94页。

年起有了变化——信息传输技术的进步为美国人绕过加拿大政府的贸易壁垒提供了手段；而加拿大政府则试图采取新的管制措施（如《消费税法案》），并强制贯彻《C—58》法案和《9958关税条例》，从而导致了两国之间的期刊贸易纠纷。其导火索是1996年3月，《时代周刊》向美国贸易代表办公室就加拿大政府的有关期刊贸易管制措施提起上诉。美国政府很快宣布：针对加拿大的期刊消费税，美国将正式向世贸组织提起诉讼，且《9958关税条例》和邮政补贴措施也一并被起诉。1996年末，世贸组织成立了争端解决小组并召开了会议。最后的相关裁决是美国赢得了较大程度的胜利，加拿大限制美国期刊进入的管制措施遭到了质疑。经过双方协商，加拿大调整了相关的期刊政策，同意修改《C—58》法案：美国期刊的加拿大分销版可以刊登多达18%的针对加拿大的广告，而且50%的广告费用是可以免税的，且如果分销杂志80%的内容是在加拿大原创的，那么一切费用均可免税。这表明加拿大做了让步。

在顺应发达国家向发展中国家输出文化产品的要求方面，世贸组织于1991年推动签署的《与贸易有关的知识产权协定》（英文缩写为TRIPS，1995年生效），可谓登峰造极。TRIPS的核心在于：假如某签署国保持自身的法律体系不变，并未设立或推行版权法，别国可依据该协定对之进行制裁；而且，相关制裁可以选择任何一种（或一系列）能给受罚国造成巨大损失的产品，该产品不必与成为贸易战导火索的实际产品沾边。TRIPS为发达国家的大型文化产业企业凭借知识产权来开拓国外

市场提供了制度保障，因为该协议保护的大多数权益（如版权、专利权、商标权等），都掌握在发达国家的大企业手中，而“包括穷国在内的各国政府都必须尽可能地帮助富国的私企落实他们的权益”。[①]

20 世纪 90 年代中期后，世界进入了“数字复制”与全球文化产业时代，最强的传播渠道变成了各种应用程序，如推特（Twitter）、脸书（Facebook）、微信及前述飞丽博等，它们支配着如何将帖子等内容呈现给数十亿活跃用户。具体到期刊产业来说，由于亚马逊公司、苹果公司等巨头大多施行硬件、软件一体化垄断策略，所以如苹果公司的报刊类应用程序 Newsstand 等，事实上基本把持了移动电刊市场的“入口”。凭借这种地位，苹果公司这类巨头的一些政策，也就有了刚性“管制”的内容和实质。例如，2011 年 2 月，苹果公司对期刊出版商和其他内容提供商公布了“应用内订阅政策”，规定电刊类应用程序必须支持苹果的“应用内订阅”（In - App Purchases），且应用内订阅的价格不能超过其他途径的订阅价格。此规定意味着，苹果公司将从期刊出版商和其他内容提供商通过 iOS 平台的销售所得中，强行分成 30%！而绝大多数期刊出版商等内容提供者在表达不满的同时，也只好无奈地对旗下的应用程序加以改动，即接受这种完全经济利益化了的“管制”。

---

① 〔荷〕斯密尔斯、斯海恩德尔：《抛弃版权：文化产业的未来》，刘金海译，知识产权出版社，2010，第 12 页。

二　模式与原则：特许、预审、后惩、登记等制度及其背后原则

现代期刊诞生前，封建统治阶级对出版的管制采取的是“特许制”，如英国在1538年就建立起了皇家特许制度，规定所有出版物均须经过特许，否则禁止出版。“特许制”体现出的是一种政治主导的原则。但在现代期刊诞生的16世纪末期，技术和出版行业的发展已使特许制出现松动，于是管制措施调整为出版者需到特许者处登记——1586年，英国伊丽莎白女王颁布皇家出版法令规定：一切印刷品均需送皇家出版公司登记；除教会允许者外，不再允许出版商申请登记；且印刷任何刊物均需事前请求许可。该法令“印刷任何刊物均需事前请求许可”的规定，已露出了“预审制”的端倪。至1621年，英王詹姆斯一世任命了弗朗西斯·科廷顿（Francis Cottington）为官方审查员，规定任何印刷品不经其审核批准不得出版。这已是典型的“预审制”了，即刊物在出版发行之前，必须将原稿或清样送经政府有关人员或机构检查、删改和批准后方能出版发行。对于违背预审制的印刷品，詹姆斯一世除了采取禁止发行、捣毁印刷机、监禁作者等手段外，还采用了具有宣传作用的公开焚书活动：1622年，在保罗广场和牛津大学、剑桥大学的公共广场，在由坎特伯雷大主教和几位主教宣布《论神圣的天主教会》一书具“反《圣经》、反英国教会”的性质后，大卫·佩雷斯（David Pareus）的著作被当众焚

毁。从这一事件可以看出，预审制背后的执行原则除了政治因素外，还有伦理考虑，是一种政治—伦理原则。

当机械复制技术、文化产业出现后，为了发展该产业，许多国家或地区的政府将预审制调整为了追惩制，即采取事后惩治的出版管制——出版物在出版发行前不受限制，政府管理机构不做任何检查；但出版物出版发行后，有关机构会通过审读样书、了解社会舆论等方式，依照相关法律，对违规出版物予以惩处。例如，德国早在1848年，就基本结束了预审制，而将出版管制改为了追惩制；我国台湾地区也曾在较长时期内采用了追惩制——即使在1988年解除报禁以前，在台湾地区申请做期刊也很容易，一般都会被批准；只是事后如果哪家期刊违规了，很快就会被坚决查禁。采用追惩制，一方面保证了让市场力量在包括期刊产业在内的文化产业资源配置中起到基础作用，有助于促进产业发展；另一方面，也保留了政府有关部门对期刊等出版物的管制功能，有助于强化社会凝聚力和认同感，体现出了一种经济—社会原则。

伴着“电拟复制”与地缘文化产业阶段的到来，处于文化产业管制前沿的一些国际组织（如世贸组织，简称WTO），不顾十八九世纪西方国家在发展起步阶段，曾随意使用身边的知识而完全不受知识产权限制的历史实情，于1991年强行推动签署主要保护西方发达国家尤其是这些国家大公司利益的《与贸易有关的知识产权协定》，这显示出：纵然WTO缔约方中的大部分国家和地区，都已施行了登记制——符合条件的机构到财政部门领取税号进行注册即可出版期刊等出版物，出版行为已被视同商业行为，在登记注册、税收财务等方面，与其他企业适用同一标准；但在《与贸易有关的知识产权协定》笼罩下的这种登记制，其施行原则已明显源于经济考虑。当然，在经济考虑之外，从WTO调节美国、加拿大期刊贸易争端的过程中，也能看到尽管美国占了上风，继续强调扩大文化贸易领域里的“自由化”（即经济考虑），但加拿大政府仍称有权确保本土文化及其产业的生存，双方只是达成了一定的妥协，真正的分歧并没有弥合。可见，登记制背后涌动着的，是一种不甚平衡的经济—文化原则。

目前已进入处于垄断地位的大公司事实上行使“管制”权力的“数字复制”与全球文化产业时代，例如，社会学家泽奈普·图费克奇（Zeynep Tufekci）指出，美国密苏里州弗格森2014年8月发生暴乱之后，虽然脸书上张贴了许多新闻，但她最初在页面上没有看到任何关于暴乱的消息，而只有冰桶挑战的消息。这令她怀疑脸书的程序过滤功能可能过滤掉了重要的消息。而期刊产业当下的情况是，在移动互联网屏幕上出现的电刊，大部分要先以实质“预审制”的方式，交给苹果公司，待该公司同意后才能上线。而苹果公司的“预审”程序、算法及其他分类过程不仅不透明，也无须对社会、公众负责。这种情况反映了期刊管制目前呈现的生态及其经济—技术原则。

三　我国现况：呈现一模式、多主体、多原则现象

1949年中华人民共和国建立以后，在“传媒的苏联共产主义

理论”指导下，[①] 建立了严格控制行业准入资格的“审批”特许制体系。具体到期刊来说，从1950年的《全国报纸杂志登记暂行办法草案》，到1988年的《期刊管理暂行规定》，再到2005年的《期刊出版管理规定》等文件中，一方面，与政治制度呈现强耦合关系的体制性管制措施没有大的变化，施行的都是“审批”特许制模式；另一方面，与政治制度呈现弱耦合关系的操作性管制措施，则从1978年我国实行改革开放政策后开始调整，出现了“事业单位、企业管理”的二元机制（虽至2010年底所有经营性出版社已完成转企，但又出现了“企业单位、事业管理”的问题），以及时政类期刊、非时政类期刊区别管理的二元机制，这导致了管制主体、原则的多元化现象。

哈耶克认为，一些惯例或规则一开始被采纳是为了其他的原因，甚至是出于偶然，之后它们之所以得到延续，是因为它们使产生于其间的群体能够胜过其他群体。“换言之，对群体的存在和维持十分重要，从而也对个体自身的存在和维持十分重要的个体的性质，是通过生活于群体中的一些个体得到选择而形成的，在该群体演化的每一个阶段，它们都倾向于遵守这些规则，因而使该群体变得更有效率”。[②] 而且，规则分为外部规则、内部规则。内部规则由演化而自发生成，相当于一个诱致性制度变迁的

---

① 〔美〕希伯特、彼得森、施拉姆：《传媒的四种理论》，戴鑫译，中国人民大学出版社，2007年，第91页。

② 〔英〕哈耶克：《经济、科学与政治——哈耶克思想精粹》，冯克利译，江苏人民出版社，2000，第540页。

过程；外部性规则由组织供给，类似于一个强制性制度变迁的过程。任何一个制度体系的演化，既有由演化而形成的内部规则，也有由组织供给形成的外部规则，它们互相影响。在此相互影响的过程中，行动主体之间的博弈，决定了制度的演化形式。上述理论为我们观察 1978 年以来期刊管制主体、原则的多元化变迁提供了一种视角。

改革初期，期刊的商品性话语，即出版机构建构新的内部规则的过程启动。这时政府主导的外部规则虽覆盖着内部规则，但政府作为管制主体能够认识到自身对外部规则的理解不利于保全自己的利益，所以在寻求新的外部规则方面是积极的。伴随着市场机制对国内多种行业的逐渐渗入，期刊行业先是经历了以一批单期发行量达百万份的通俗文化期刊（如《大众电影》《读者》《知音》等）出现为标志的“大众化”发展，接着经历了以一批时尚类杂志（如《世界时装之苑》《时尚》《瑞丽》等）崛起为标志的“分众化”转型，其内部的市场化规则得到了一定程度的确立、完善。政府的外部规则也与时俱进，先后对广告准入、企业化管理等进行了确认。可见，这一时期政府的管制原则表现出了由政治—伦理原则向经济—社会原则转变的趋向，释放出了相当大的制度创新能量。

但是随着改革进入核心层面，政府各权力部门及相关利益集团为维护其自身利益，开始令新出台的管制措施向利益集团倾斜。例如，由新闻出版总署颁布的 2006 年开始施行的《出版专业技术人员职业资格管理规定》，将初级、中级出版专业技术人员职业

资格的取得方式，由原来的评审改为了考试；且要求取得相关职业资格的人员，还需申请职业资格登记；而职业资格登记，又与参加继续教育挂钩。该规定实施后，相关机构开始针对有关考试、培训办班收费，而且开始针对全国出版专业技术人员每人每年收取数百元的“继续教育”费用。这些以经济利益为核心动因却披着意识形态外衣的管制措施，体现出的是一种不平衡的经济—文化原则，反映出管制主体已相当程度地位移到了利益集团。而且，体现市场化实践的一些内部规则，如期刊作为需投入资本较少、能较快实现利润的传统媒体，事实上已被一些投资主体以广告公司等名义实质投资并全程经营，但作为外部规则的管制措施已失去了与这些内部规则良性互动的能量。

20 世纪 90 年代中期我国几乎与世界同步进入“数字复制”与全球文化产业时代以来，技术的发展使得我国长期以来形成的具有惯性的媒介管制思路和措施陷入了困境：一来网络的融合，使得传统的分类管制机制陷入困境；二来终端的融合，使得传统的源头管制措施陷入困境；三来内容的融合，使得传统的管制权属陷入困境。以第三个困境为例，我国目前涉及数字内容管制的部门有中宣部、工业和信息化部、国务院新闻办、公安部、工商局、新闻出版广电总局、国家版权局、教育部、国家保密局等，数量上达十几个！作为外部规则的管制措施难以协调和高效。而且，我国已于 2001 年 12 月正式成为世贸组织的成员，前述 TRIPS 等以国际组织名义强力推行的管制措施，终会作为强制性制度变迁因素在我国生效。可见，作为管制主体的民族国家政府、利益集团、国际组织等，以及作为管制原则的经济—社会原则、不平衡经济—文化原则等，均混杂交织在了一起。

参与这种混杂交织的，还有随着“数字复制”与全球文化产业时代而崛起的大公司。具体到我国的期刊产业来说，外资背景的这类大公司有苹果等；国资背景的这类大公司有中国知网等。这类大公司凭借其垄断实力，以经济—技术原则助推或奉行符合自身利益的管制措施。如前述苹果公司以所谓“应用内订阅”（In - App Purchases）之名，强制分成有关电刊30%发行收入的行为；再如中国知网，一方面向进入其平台的纸刊支付超低版权使用费，如国家百强社科期刊之一的《哲学研究》每年只能收到1万元左右；另一方面向普通消费者（非机构消费者）收取超高下载费用——每页0.5元，以2014年第6期《哲学研究》计，全部下载当期18篇文章共需支付62元（合计124页），竟然比有印刷、稿费等实物成本的当期纸刊定价20元贵了42元！且这类行为，竟然可以置身《反垄断法》之外！

由于我国民间资本在期刊行业的弱势，所以体现自然市场化实践的内部规则在数字复制时代还很无力，而作为外部规则的管制措施又因实质的多主体、多原则现状而陷入了困境，所以当前我国期刊行业的管制，呈现为表面上有“显规则”，而实际发生作用的则是另一套“潜规则”的状况。例如，对于纸刊而言，2005年12月1日起施行的《期刊出版管理规定》的第三十六条规定：“期刊出版单位不得出卖、出租、转让本单位名称及所出版期刊的刊号、名称、版面，不得转借、转让、出租和出卖《期

刊出版许可证》。”但在实践中，民间资本以广告公司等名义租借“刊号”，实质投资并全程经营期刊者已并不鲜见，其间还涌现出了专营相关业务的如现代传播控股有限公司（1993 年创立，2009 年在香港主板上市）等相当成功者。对于电刊而言，2008 年 4 月 15 日起施行的《电子出版物出版管理规定》的第五条规定：“国家对电子出版物出版活动实行许可制度；未经许可，任何单位和个人不得从事电子出版物的出版活动。”这种对传统管制思路和措施的沿袭明显是与实践脱节的，大量草根电刊、名人电刊以至机构电刊实际上已使相关管制制度、措施流于形式。有学者对此种情形做了概括，确应引起有关方面的重视：“制度可能表现为明确的、条文化的符号形式，如成文法、协议或系统界定社会不同角色的社会结构和组织等。不过，只有当参与人相信、接受某种具体表现形式时，它才能成为制度。在此意义上，成文法和政府管制如果没有人把它们当回事就不构成制度。”①

四　趋向：权力源由暴力至金钱、知识、共享的变迁

麦奎尔认为，新的制度规范是由不同目标和价值所引导的，但目前主流的价值不再是那些广义的社会福利或传播福利，而是包括了开放性、所有权和控制的透明化、让消费者的选择最大化、

① 〔日〕青木昌彦：《什么是制度？我们如何理解制度?》，周黎安、王珊珊译，《经济社会体制比较》2000 年第 6 期。

持续性的商业竞争以及技术创新等。一般来说，经济目标已经取代了社会和政治的福利，而社会和政治福利需要重新定义。[①] 这种就管制本身进行的归纳，提供的是一幅不甚清晰的图景。

如果我们把管制视为一种权力，那么托夫勒在《权力的转移》一书所展示的观点，则对我们观察管制的趋向具有很强的启发意义。托夫勒认为，“虽然权力来源有很多种，但暴力、金钱和知识的确是权力最重要的凭借”。[②] 这三物几乎可以用于社会生活的任何一个领域，从亲密无间的家庭到政治竞技场无所不包。最简单地体现权力的方式就是行使暴力，但这是一种低质量的权力形式（Low - quality power），因为它缺少灵活性，只能用于惩罚，并且风险很大；相比之下，金钱则是远甚于暴力的权力工具，金钱不仅能用于威胁或惩罚，还可以提供奖赏，既可以积极方式使用，也可以消极方式使用，因此，它比暴力灵活得多，能创造质量中等的权力（Medium - quality power）；而高质量的权力（High - quality power）则来源于知识——不但可用于惩罚和奖励，还可以用于劝说，既能扩充武力、金钱，也能减少达到某个目的所需武力、金钱的数量。

那么知识之后是什么呢？曾写出了《第三次工业革命》一书的里夫金认为，是共享。他指出，在过去10年里，已经有亿万消

---

① 转引自潘祥辉《论媒介技术演化和媒介制度变迁的内在关联》，《北京理工大学学报（社科版）》2010年第1期。

② 〔美〕托夫勒：《权力的转移》，吴迎春等译，中信出版社，2006，第10页。

费者转变为互联网产销者，开始在网上以接近免费的形式，制作和分享音乐、视频、新闻和知识；全球六百多万学生正在以近零成本的方式，通过互联网在线学习；欧洲上百万的人在以近零成本的方式，生产和分享绿色电力……这就是以“共享经济”为特征的“零成本社会”：数十亿人和数百万组织联结到物联网，从而使人类第一次以先前无法想象的方式，在全球协同共享中分享经济生活。[①]

权力源由暴力至金钱、知识、共享的变迁线索，为我们观察管制主体、模式与原则的变迁，提供了一幅较清晰的图景：在“人工复制”与前现代供养制阶段，封建利益集团作为管制主体，先后施行了特许制、预审制，奉行政治或政治—伦理原则，以暴力作为主要管制手段，如英王詹姆斯一世捣毁印刷机、监禁作者、公开焚书等；在“机械复制”与文化产业阶段，民族国家政府作为管制主体，一般施行后惩制、登记制，奉行经济—社会原则，以金钱作为主要管制手段，如前述加拿大政府对美国期刊输入的管制；在“电拟复制”与地缘文化产业阶段，管制主体有向国际组织位移的趋势，奉行一种不平衡的经济—文化原则，以知识及其产权作为主要管制手段，如前述世贸组织通过的《与贸易有关的知识产权协定》；在“数字复制”与全球文化产业阶段，有技术优势的大公司在向管制主体位移，奉行经济—技术原则，以比

---

① 谢丹：《第三次工业革命很可能是中国引导的》，《南方周末》2014 年 10 月 23 日。

传统公司更大范围的共享作为管制依托，如前述苹果公司、中国知网及其相关作为。

从管制的角度来看，今天世界各地正出现的趋向是：首先，有技术优势的大公司的权力相对于政府在不断扩大，期刊产业甚至我们的日常生活（从娱乐到经济）正在日益被有技术优势的大公司掌控；其次，普通民众作为“共享”主体的影响力也不断增加，如瑞士已规定非商业性下载盗版属合法，支持科技成果开放存取的实践也在不断发展。

第九章　案例：中外通用的4个“路标”指向前方

在“数字复制”与全球文化产业时代，期刊发展的前方有“路标”吗？如果有，它们在哪儿？

一　延伸纸刊优势品牌资源做电商，靠含品牌附加值的商品（第三次售卖）营利，如《YOHO！潮流志》等

2005年成立的“YOHO!”，拥有《YOHO！潮流志》和《YOHO！女生志》两份时尚期刊。2008年，《YOHO！潮流志》拿到了鼎晖和贝塔斯曼第二轮融资，推出“YOHO！有货”网站，正式发展电商业务。这个B2C模式的电商网站，以代销、经销和联营的方式，引入了近百个服饰等潮流品牌。每个品牌销售的货品，都经由网站“买手”挑选和配比，由YOHO统一仓储和配送。2012年，该公司声称已经盈利；到了2013年，该公司称电

商业务销售额已达3亿元。[①]

目前国内的时尚类期刊做“电商”的已不少，如《时尚芭莎》通过与银泰百货集团的合作，做了一个芭莎风格的网购衣橱；由时尚传媒集团及著名投资基金 IDG 联合投资的北京凯铭风尚网络技术有限公司，于2013年12月获得了百度领投1500万美元新一轮融资，其旗下产品 YOKA 时尚网号称：“在2012～2013年行业普遍发展低迷的情况下，收入保持了两位数的增长”；《世界时装之苑》（*ELLE*）的官方网站 ELLESHOP、《mina 米娜》杂志的官方商城久尚网等，均已体现出电商化趋向。

国际时尚期刊巨头，也纷纷涉足电商路径。比如，美国的康泰纳仕集团就曾经前后做过7次对初创类电商企业的投资，其旗下多本时尚期刊也都有自己的在线商店——女性时尚期刊 *Glamour* 运作的 Glamstore 网店，男性期刊 *GQ* 与奢侈品百货 Nordstrom 合作推出了购物网站 NordstromMen. com；著名的赫斯特出版集团旗下的 *Harper's Bazaar*（它的中文版为前述《时尚芭莎》）与奢侈品电商 Yoox 合作，共同打造了电商网站 ShopBazaar. com，主要售卖奢侈品百货，也包括一些独立设计师的商品……

期刊经营者转型做电商，从逻辑上讲是相当自然的：当一篇文章或一张照片展示的某种有趣事物打动了受众时，他们的确可能产生“这个东西哪里有卖?”的念头。如果有一种比较平滑的

① 王晓妍：《期刊媒体的逆转之路》，《中国出版传媒周报》2014年1月24日第009版。

方式，让受众转化为购买期刊所展示商品的消费者，那么期刊就可以从中获取利润。

有人认为做电商就两个关键环节：流量和供应链。流量能够保证足够的潜在客流，而供应链能保证用户消费体验（包括价格、送货等）。而对于这两者，期刊都具备一些优势。在供应链方面，由于期刊一直为品牌商家做广告及公关服务，所以可能获得不错的供货渠道。例如，“YOHO!”就先后获得过 NIKE 和 Wrangler 的支持，也与周笔畅的 begins 和陈冠希的 CLOT 等“明星产品”展开过合作。期刊能跳过很多中间环节，从熟悉的品牌商家以具有竞争力的价格拿货。这是其供应链上的优势。在流量方面，期刊是擅长制造话题和搞线下活动的，内容制作更是其看家本领，这使得有期刊基因的电商在流量获取上，一般可以保持稳健增长的态势。

而令上述两个关键环节的优势得以“落地”的基础，是期刊在受众心目中树立的在某一领域的“专家”形象，这是期刊的核心品牌资源，也是受众能够去相关期刊电商网站购物的核心“区别因素”——他们相信期刊的相关团队对时尚、潮流有很好的理解，见多识广，因而是专家“买手”。事实上，向电商道路发展的期刊中，时尚期刊占主流，且这些期刊所做的垂直细分电商网站，采取的一般是“买手”模式，即依赖出售有品牌附加值的商品（第三次售卖）营利。

有些期刊为了从资源分配上更适应电商网站的“买手”模式，已首先进行了自身的组织重构。例如，“YOHO!”已经抛弃了发行、采编、广告这种传统期刊的组织体系，而开始使用“推广部门、内容部门、电商部门”这一更加倾向电商业务的组织体系。其次是供应链的管理，这会直接影响利润率。互联网上价格拼杀进行得相当残酷，如供应链管理得不好，价格毫无优势，就是“专家”也难以生存。再次是消费者/会员管理，也就是如何让新客户变成老客户。这其实是很多电商的基本难题：一旦离开广告力促，流水会马上显著下降，大量的成本得花在获得新消费者身上——“YOHO！有货”之所以能越过这个坎儿，是因它的消费者单笔交易价相对较高。

当然，对于很多并非直接面向消费者的专业类期刊来说，则难以进行电商化转型，因为它们虽有“专家”形象基础，但缺乏面向消费者的流量、供应链优势，“买手”模式难以形成规模优势。

二 延伸纸刊内容核心特质至多媒体，靠赞助形态的广告（第二次售卖）营利，如VICE等

2009年，《中国新闻周刊》开始投资数百万元构建新媒体部门；2012年，其新媒体平台产出已与投资持平，实现自我运转；2013年，其新媒体收入已达700万元左右，利润率达到10%。[①]

① 王晓妍：《期刊媒体的逆转之路》，《中国出版传媒周报》2014年1月24日第009版。

目前，《中国新闻周刊》的新媒体平台已初具规模——不仅其所涵盖内容领域、产品容量远超母体期刊，而且其传播渠道也从纸质平台延伸至多媒体平台，如作为新闻源的网站、8 款无线客户端、微博、微信、博客、手机报、数字电视等。连续两年，《中国新闻周刊》微博在新浪期刊媒体领域排名第一，在所有媒体的新浪微博排名中名列前十。

《中国新闻周刊》的转型为何能够相对顺利？

我们不妨先来看一下其定位于小型深度门户的网站。点开该网站，便可看到其新媒体虚拟形象代言人——一个身着古装、手持毛笔的书生形象。该名曰“信息管家”的“书生”，象征着其新媒体将传达更多有价值、有深度、有情趣的内容，将在快时代引领慢阅读、将在海量信息时代传播有态度的观点。这个“书生”将《中国新闻周刊》之前作为时政类媒体的比较严肃的风格形象化、人格化了，强调其新媒体相关内容和产品，一方面更符合新媒体的调性、特色；另一方面则延伸了其纸刊的精英化、重原创、有观点等内容核心特质，从而通过增加的各种新媒体平台，有效扩大了《中国新闻周刊》受众的接触点和覆盖面。这样，该刊就在延伸其纸刊内容核心特质至多媒体的基础上，可集中精力按照新媒体的逻辑来探索新的传播方式及其营利模式。例如，该刊做了一个微信“上帝说”，实际是读者在说；还有一个“你问我答”，实际是受众自己问答；而在这一传播过程中，刊物只是聚合了问题，并聚合了回答。在纸刊的发行 + 广告的营利模式在新媒体方向上基本失效的情况下，《中国新闻周刊》的新媒体产品运营已经改变思维方式，思考怎样把受众变成用户，让用户形成圈子，通过圈子来塑造影响力，进而形成价值。当然，其转型之路虽然比较顺利，但仍在探索之中。

与《中国新闻周刊》的转型之路有异曲同工之妙，且在经营上更为成功的，是一家从报道青年亚文化的期刊起家的新媒体公司 VICE。该公司的前身，是加拿大期刊《蒙特利尔之声》（*Voice of Montreal*）。当初加拿大政府出资创办这份期刊时，主要是为了解决就业和社区服务问题。但创刊后不久，该刊的 3 位编辑将这份刊物买了下来，并且将之命名为 *VICE*，试图将该刊打造为全球首个青年亚文化的代言人。在此定位设计下，该刊先是以报道独立艺人、朋克等为主，随后开始介入主流新闻事件。*VICE* 的报道，始终能给受众带去一种冲突感，让受众看到和自己惯常生活截然不同的生活及文化。例如，其报道的地点往往聚焦于全球有麻烦的地方——如伊拉克、朝鲜等地，报道的人物也多为非主流人群。这种内容特质使该刊在 21 ~ 34 岁的年轻人中间，影响力越来越大。

2006 年，VICE 开始以延伸了其纸刊内容核心特质的视频节目进军网络平台。其视频产品所展示的人物，仍一般来自世界亚文化圈或者亚文化人群，如让 VICE 刚一进入视频领域就一炮走红的视频产品，就是一部记录了伊拉克巴格达一支摇滚乐队的纪录片。结果，这部纪录片在多个电影节上获了奖。再如，*VICE* 曾策划 NBA 前球星丹尼斯 · 罗德曼率领一支美国篮球队访问朝鲜，而 *VICE* 则通过视频详细记录了罗德曼的这次行程。这不仅为

VICE 赢得了受众，同样也引发了大量链式媒体报道。

为了更充分地将纸刊内容核心特质延伸至视频节目，VICE 的视频产品在拍摄手法上坚持采用带有强烈主观情绪的第一视角（一般纪录片常采用第三视角）。如 VICE 出品的反映伊斯坦布尔、开罗等地的群众抗议事件的视频，都是由摄影师佩戴“谷歌眼镜”进行网络直播的。这种“沉浸式报道”使得 VICE 的视频具备很强的现场感，仿佛视频镜头就是受众自己的眼睛。

目前，VICE 在著名视频网站 YouTube 上有超过 20 个频道，且其节目是 YouTube 用户观看时间最长的视频之一。不过，VICE 的视频产品最近已超越了网络平台——2013 年该公司与时代华纳的 HBO 合作，在 HBO 上播放了 10 集电视纪录片。这也让 VICE 开始逐渐跻身于主流媒体。

而且，VICE 的广告产品也独树一帜，明显地延伸了其内容的核心特质。作为一家媒体公司，VICE 的大部分收入来自广告（第二次售卖）——2012 年其营收达到 1.75 亿美元；但是，VICE 的广告产品并不是硬性广告，甚至也不是传统意义上的品牌广告。VICE 一般先自己制定内容策划，然后发布给品牌商，让他们自己选择是否赞助相关产品；在了解到 VICE 即将制作的内容后，品牌商会根据该内容与自己品牌形象等的契合程度，决定是否赞助相关产品，并进而与 VICE 讨论具体赞助模式（品牌商可以协助制作相关内容，也可将有关内容完全交由 VICE 制作）。这种情况下，双方讨论的焦点，往往是品牌商所传递的理念，而不是所推销的产品。例如，著名的户外服装品牌“The North Face”曾赞助

VICE 的一个系列视频产品，其内容是探访住在地球上最荒凉地方的人。该内容既符合 VICE 的定位，也契合 The North Face 的品牌定位及品牌形象。所以，此种广告模式保证了相关视频产品的可看性，同时也推广了品牌商的理念，可以说双赢。

VICE 从一家期刊起步，通过将其纸刊内容核心特质延伸至网站、视频、唱片、图书等多媒体业务，尤其是赞助形态的广告（第二次售卖），实现了富有启发意义的华丽转身——2013 年，VICE 获得了默多克旗下 21 世纪福克斯的 7000 万美元投资，估值达到 14 亿美元；2014 年，英国《金融时报》称，美国传媒巨头时代华纳集团有意入股 VICE，其估值已超过 20 亿美元！

三　规模化汇聚纸刊内容成搜索“领航者”，靠出售下载文章或数据库（第一次售卖）营利，如中国知网等

我国目前有三大中文期刊数据库，分别是中国知网、万方、维普，其中的中国知网收录了 7665 种国内学术期刊；2800 万篇文献，每年更新 240 万篇；319 种精品文艺期刊；115 万篇文献，每年更新 10.6 万篇……[①]所以，不妨先以中国知网为例，来说明规模化汇聚纸刊内容成搜索“领航者”，靠下载文章收费（第一次售卖）营利的转型路径。

① 王玉梅：《中国知网：推动学术文献规模走出去》，《中国新闻出版报》2012 年 3 月 23 日第 3 版。

中国知网的前身是中国期刊网（www. chinajournal. net. cn），该网于1999年6月上线服务。到2003年的时候，中国期刊网已发展为集期刊、报纸、博士硕士学位论文、会议论文、图书、年鉴、多媒体教育教学素材于一体的知识服务网站；且就在这一年，中国期刊网正式更名为中国知网，并确立了建设基于世界银行于1998年提出的国家知识基础设施（National Knowledge Infrastructure，简称NKI）概念的“中国知识基础设施工程（简称CNKI）”的目标。中国学术期刊（光盘版）电子杂志社，承担中国知网内容资源的选题、采集、合作、编辑和出版；同方知网（北京）技术有限公司，则负责内容数据库的研发和网络出版平台的技术支持以及出版产品的发行。从这个组织结构和其前身的名字——“中国期刊网”就可看出，规模化汇聚纸刊内容成搜索“领航者”，是中国知网的立身之本。截至2008年底，中国知网在全球范围内的注册用户已累计超过4000万，并已累计出版文献1亿篇以上；其中心站点及设在全球的镜像站点年文献下载量突破30亿次，每日出版更新文献过万篇。

而在搜索“领航”之后，靠下载文章或向机构出售数据库（第一次售卖）收费，则是中国知网的营利模式。如前所述，到2008年时，中国知网的销售收入就已达2.06亿元；[①] 截至2011年年底，中国知网累计出口实洋超过4300万美元；其中仅2011年，其出口收入就达到730万美元，占全国出版产品出口总额的

① 资料来源：《中国期刊年鉴（2009年）》，中国期刊年鉴社，第29页。

比例超过23%！[①]

选择与中国知网相似转型路径的国外期刊出版商中，励德·爱思唯尔集团算是个典型。该集团拥有几百年的出版历史，在《期刊引用报告》（JCR）公布的229个领域里，其旗下的期刊在51个领域里拔得头筹，影响因子列世界第一。在数字复制与全球文化产业时代，该集团除了坚持同行评议、以质量为核心的根本宗旨不变外，其科技期刊在出版理念、出版形态、出版规模、流通方式等方面，已发生了根本性变化，并取得了很好的绩效——维持并扩大了在世界期刊市场的竞争优势。

归纳起来看，该集团在转型过程中注重了以下三个方面：

第一，认清自身比较优势，找准利基市场。在全球经济衰退的背景下，励德·爱思唯尔集团的专业期刊订阅反而持续上升，且营业利润同样有不同程度的增长。这源于该集团的市场定位：将纸刊学术出版优势向数字领域延伸，为全球的专业人士及机构提供信息服务。

在全球科学技术及医学（STM）期刊出版领域，研究者及相关论文都以每年3%～4%的速度递增，且95%以上的文章均可通过网络搜索到，相关出版市场每年产值大约为20亿美元。励德·爱思唯尔集团出版的STM期刊，就有2300种，约占全球同类期刊总数的10%。以STM期刊为核心，全球每年出版的英文研究性

① 王玉梅：《中国知网：推动学术文献规模走出去》，《中国新闻出版报》2012年3月23日第3版。

文章，有26%由励德·爱思唯尔发布。我国高校研究人员对该集团产品的依赖程度，已在60%左右。[①] 由于在这一细分市场做得专业而权威，所以相关专业人士在寻找更好的解决方案以提高工作质量的过程中，越来越依赖其产品以获取有价值信息。而这类客户相对固定且持续支付能力很强，故此目标市场成为励德·爱思唯尔集团的丰厚利基市场。

第二，紧随技术潮流，进行数字化转型。励德·爱思唯尔集团在20世纪末就开始了数字化转型。例如，该集团在1997年发布了功能强大、包括海量数据库的Science Direct信息在线平台，至今此平台已是全球最大的科技信息全文下载数据库——包括6500万篇文摘，近10个数据库和部分其他数据库，还包括800万篇可供全文下载阅读的科学论文，部分大型系列丛书也被囊括其中。Science Direct起步后，每年上线内容以15%的速度快速增长，其数字在线产品的销售额也每年都呈两位数增长。如今，该集团的数字在线产品收入，已占到总收入的80%以上。

另外，该集团全球领先的专业资讯服务商“律商联讯”，于2006年开始推行“全面解决方案”。这标志着励德·爱思唯尔集团已从一个专业资讯供应商，转型成为集研究资讯、专业服务等于一体的“全面解决方案”综合服务商。其产品线，已经从单纯的专业图书和图书群、专业期刊和期刊群，发展到电子书、电刊、

① 刘益、马长云：《励德·爱思唯尔集团的经营管理与发展战略研究》，《科技与出版》2011年第3期。

专业数据库信息服务提供等。

第三，为将核心竞争力规模化，不断进行剥离与并购运作。励德·爱思唯尔集团始终注重为法律、金融、科技、商业、医学保健等领域的高端用户、研究者，提供及时、全面的在线支持。因此，收购相关高新技术公司，进行同业并购，以扩大数据库内容，并提升增值服务的速度和力度，是该集团非常重视的。近年来，该集团为了保持在电刊订阅及提供信息解决方案方面的优势，进行了几次大的收购及业务剥离。例如，2007 年 5 月，出售了哈考特教育的国际化评估业务；同年 7 月，出售了哈考特教育的美国中小学业务；同年 10 月，剥离了数据分析服务商 MDL 公司；2008 年 2 月，出售了励德商业信息业务（即 RBI）。在收购方面，2007 年 3 月收购了 Beilstein 重要的化学数据库，与已有业务整合后，可在相应专业领域提供丰富的内容、创新的在线解决方案；同年 12 月，收购了临床实践模式资源中心（Clinical Practice Model Resource Centre），成为专门向全球医护人员决策提供支持及解决方案的服务商；2008 年 1 月，收购了为医患双方提供诊疗结果分析、风险识别和管理的服务商 MEDai 公司。这一连串的剥离与并购之后，该集团很快就取得了年收入增长 4%、营业利润增长 9% 的佳绩。[①] 在所有生意都变成了数据生意的今天，励德·爱思唯尔集团仍谨慎地秉承有所为、有所不为的战略，这大概是该集

① 刘益、马长云：《励德·爱思唯尔集团的经营管理与发展战略研究》，《科技与出版》2011 年第 3 期。

团众多变迁之中为数不多的延续之一。

四　调和“付费墙”与“点击共产主义”，政府介入探索“开放获取”有效路径，如“国家哲学社会科学学术期刊数据库”

图灵奖得主格雷（Jun Gray）在论及科学研究范式演进时指出，科学研究已经从几千年前的实验科学（描述自然现象）、几百年前的理论科学（如开普勒定律、牛顿运动定律等）、几十年前的计算科学（寻求复杂现象模拟）之后，进入了第四阶段——数据密集科学（实验、理论和仿真的统一）。[①]

显然，实验科学、理论科学、计算科学、数据密集科学这一4阶段式划分，与本文前述人类复制技术演进的人工复制、机械复制、电拟复制、数字复制4阶段式划分，无论在时间上还是在内涵上，都构成了相当程度的对应和联系。

而无论是叫“数据密集科学”阶段还是称“数字复制与全球文化产业”时代，人们目前获取各种数据、数字及其相关产品和服务的需求在快速增长是明显的事实。于是，深谙这种需求和趋向的机构、人士，开始让相关产品和服务（如电刊文献）成为高价的商品，即在数字技术提供的文献获取更便利的地基上，筑起

---

① 朗杨琴、孔丽华：《科学研究的第四范式——吉姆·格雷的报告“e－Science：一种科研模式的变革”简介》，《科研信息化技术与应用》2010年第2期。

了一面面“付费墙”（Paywall）。前述国外的励德·爱思唯尔集团，及国内的“中国知网”，其实都是在垒筑“付费墙”的过程中，获得了快速发展的。

面对越筑越高的“付费墙”，一种反向的思想和实践运动——“点击共产主义”应运而生了。其思想标志之一，是2003年美国哥伦比亚大学法学院教授莫格林（Eben Moglen）发布的《点击共产党宣言》（The DotCommunist Manifesto）——其中宣称：“我们将推翻当前的知识和思想的私人所有权体系，构建一个真正公正的社会”。[①] 其实践之典型事件也时有报道，例如，2010年，被著名的《经济学家》杂志称为“公地人”（Commons man）的斯瓦茨（Aaron Swartz），使用麻省理工学院（MIT）的网络资源，下载了480万篇JSTOR文献。虽然麻省理工学院未明确对斯瓦茨予以谴责；JSTOR也宣布只要斯瓦茨不公布文件，将不再追究，甚至在这次事件后很快就部分放宽了个人注册者的访问限制；但是代表“利维坦”国家的联邦检察官拒绝和解，执意根据《计算机欺诈与滥用法案》以13项重罪指控、最高35年刑期起诉斯瓦茨。2013年1月，年仅26岁的斯瓦茨自杀，使美国司法体系以重罪指控威胁喝止“点击共产主义”实践的企图破产。[②]

版权专有的“付费墙”捆绑了知识，彻底去版权化的“点击共产主义”又在现实性、可持续性方面存疑。能否在两者之间，

---

① 资料来源：http：//cui－zy. com/。

② 王东宾：《在copyleft中永生》，《读书》2013年第6期。

开辟出一片灵活、自由的文献知识获取地带呢？

“开放获取”（Open access）运动正是在这一思路下展开的。它是一场围绕版权所开展的有限的信息解放运动，以创作者授权和在与使用者达成协议的基础上，提供信息资源的开放使用；其解决版权纠纷的思路受自由软件的 Copyleft 理念及其 GPL 规则的直接启发，[①] 即在从技术上继承 GPL 处理版权问题思路的同时，更从精神上萃取了“点击共产主义”从知识获取层面改造社会的理想。

从政策层面看，目前开放获取已成为大多数科研群体和政府的共识——强制性开放获取政策（Open access mandates）已被大部分有影响的研究型大学，及中国、美国、欧盟、澳大利亚等的国家科研基金以及一部分私人科研基金采用；但是，在实践层面，这一运动仍充满阻力和不确定性。例如，很多开放获取期刊网站（如前述非营利机构 JSTOR），将所拥有的免费资源组织成数据库，高价卖给高校等科研机构使用。这使开放获取存在沦为营利的另一个高贵借口的风险。再如，2014 年哈佛大学的科学记者伯翰农（John Bohannon）将一篇伪劣论文投稿于开放获取期刊，竟有 157 家接受出版。这不禁引起了人们对开放获取期刊质量的担忧。

针对“开放获取”上述两大实践层面的弱点，中国政府相关部门以国家社科基金特别委托项目的方式，于 2012 年 3 月开始规

① GPL 协议是自由软件运动 Copyleft 理念的法律性实践纲领，其目的是要通过传统版权（Copyright）的这种“合法外衣”，来颠覆版权保护的藩篱，从而实现知识的自由获取和共享。

划建设中国社会科学院“国家哲学社会科学学术期刊数据库”（National Social Sciences Database of Chinese Academy of Social Sciences，简称中国社科院国家期刊库，CASS’s NSSD）。规划之初，该项目首先面对的问题是：中国能推进什么？因为这是中国政府的“思想库与智囊团”中国社会科学院承建的一个国家社科基金特别委托项目，其公益、非营利的性质是明确的，有责任为全球性的“开放获取”实践进行前沿性探索。

其次，在该项目筹建之初，国内电刊领域搜索领航者们构建“付费墙”的问题已相当严重。如中国知网（http：//www. cnki. net）、万方数据（http：//wanfangdata. com. cn）和维普资讯（http：//www. cqvip. com）靠规模化汇聚纸刊内容成了搜索领航者；而在免费“领航”之后，则开始靠向机构销售数据库、向个人出售下载文章营利——早在 2008 年，中国各专业期刊网站的电刊总销售收入已达 3. 6 亿元人民币，其中中国知网为 2. 06 亿元，万方数据为 0. 5 亿元，维普资讯为 0. 48 亿元。[①]

再次，该项目在调研时已意识到，在成为电刊领域搜索领航者的路径方面，除了靠规模化汇聚纸刊内容的道路外，还存在依托社交媒体成功的道路——其典型是飞丽博（Flipboard）等。作为一款让受众有期刊感觉的社交阅读软件，2014 年时飞丽博已累积了超过 1 亿的活跃用户，日均新增用户数达到 25 万至 30 万，

① 寇晓伟：《2008 年度互联网期刊产业发展报告》，《中国期刊年鉴（2009 年）》，中国期刊年鉴社，第 29 页。

且与逾 8000 家出版商达成了直接合作！[①]

基于上述规划时的考虑和认知，中国社科院国家期刊库于 2013 年 7 月正式上线开通，并于 2014 年 1 月、2014 年 6 月进行了两次全面升级。按照“边建设、边使用、边完善”的原则，该项目陆续做了如下工作。

首先，针对一些开放获取期刊把数据库出售给机构用户涉嫌营利的弱点，中国社科院国家期刊库自上线运作以来，始终坚持无论对个人用户还是对机构用户都完全免费的政策。这使中国社科院国家期刊库较快地提升了使用率、影响力。目前，该库已有 7 万余注册用户；日均访问量约 30 万；国内外 220 余所知名高校及研究机构，如香港大学、威斯康星大学麦迪逊分校、密歇根州立大学、美国国会图书馆等，已将该库作为学术电子资源进行推荐。而且，针对一些开放获取期刊的内容质量备受质疑的弱点，中国社科院国家期刊库在保证入口内容质量方面，不仅采取了与营利性网络全文数据库类似的汇聚纸刊已发表内容的政策，而且截至 2015 年 7 月签约合作的 642 家期刊中，包含了 532 家核心期刊——几乎囊括了中国顶级人文社科类期刊，如 200 种国家社科基金遴选并重点资助的社科类学术期刊等，还有 80 多种中国社会科学院主管主办期刊。[②]

① Jason Ankeny：《1 亿用户为何喜欢它?》，《创业邦》2014 年第 8 期。

② 杨齐：《知识开放获取学术走向大众——记国家期刊库（NSSD）的建设与发展》，《程序员 · 大数据与智能化》2015 年第 7 期。

其次，针对中国电刊领域现有搜索领航者们构建的“付费墙”，中国社科院国家期刊库一方面积极宣传推广自身所秉承的公益性开放获取理念，另一方面努力增强用户的使用便利性。目前，个人用户注册后即可随时随地使用，同时支持机构用户 IP 登录方式；该库还综合运用新媒体手段，为用户提供了便捷的信息获取渠道及新型用户服务方式。相关措施对中国电刊领域“付费墙”的制约效果已经显现。

再次，针对依托社交媒体成为搜索领航者的路径，中国社科院国家期刊库也迈出了步伐。截至 2015 年 8 月，该库在新浪官方微博粉丝数超过 15 万人；其微博内容涵盖中国社科院国家期刊库最新期刊、论文推荐、社科动态、活动资讯等，微博总曝光量为 2776 万余人次。[①] 该库还积极跟踪国外流行的“社媒影响计量学”（Altmetrics 指数）的相关进展。[②] 虽然出于中国目前的一些网络限制及语言原因，中国大陆在 Twitter 和 Facebook 上的活跃用户相对较少，更少有科研人员关注之并在上面发表评论，这使得中国大陆科研论文的 Altmetrics 指数客观性、影响力受限，但从发展的角度看，Altmetrics 指数在一定程度上弥补了论文引用、期刊影响

---

① 杨齐：《知识开放获取学术走向大众——记国家期刊库（NSSD）的建设与发展》，《程序员·大数据与智能化》2015 年第 7 期。

② 即追踪 Twitter、Facebook 等社交和新闻网站提到、分享某篇论文的次数，及博客文章被评论的次数等，并根据网站的重要性给予不同权重处理。通过互联网数据共享，Altmetrics 指数可以被迅速收集，让研究人员近乎实时地看到一篇文章被关注的程度。

因子等传统学术评价指标的局限性。中国社科院国家期刊库正积极谋划与主流社交媒体合作，打造中文论文的 Altmetrics 指数平台，努力在依托社交媒体成为搜索领航者的道路上走得更远。

目前，经过上述努力，中国社科院国家期刊库在人文社科研究领域，已能提供国内主流期刊数据库的基本功能；在免费全文数据库规模上，已经超过自诩“世界最大”的斯坦福大学海威出版社（HigeWire Press）相关平台——截至 2015 年 3 月 25 日，海威出版社相关平台上线免费全文论文有 2434604 篇，[①] 比中国社科院国家期刊库少了 40 万篇。

当然，中国社科院国家期刊库也有其自身的弱点和亟待改进之处。例如，作为国家社科基金特别委托项目，一旦国家停止投资，则会有生存之忧，所以在坚持“开放获取”的理念和实践过程中，该项目有其脆弱的一面。再如，作为中国电刊领域追求搜索领航地位的后来者，该库在用户量这一体现网络价值的关键指标上，与所追求的目标还相差很远，所以，建设英文版官方网站，集成国外重要开放获取学术期刊资源，译介国外优秀人文社科学术成果，详录中国出版英文学术期刊，鼓励中国学者自存储学术成果以创建相关开放获取期刊群，推出移动端推送内容产品等扩展用户量举措，正亟待开展。

---

① 资料来源：http：//highwire. stanford. edu/lists/freeart. dtl.

参考文献

〔美〕阿恩海姆：《艺术与视知觉》，滕守尧、朱疆源译，四川人民出版社，1998。

〔美〕阿瑟：《技术的本质：技术是什么，它是如何进化的》，曹东溟、王健译，浙江人民出版社，2014。

〔美〕阿特休尔：《权利的媒介》，黄煜、裘志康译，华夏出版社，1989。

〔美〕M. 埃默里、E. 埃默里：《美国新闻史》，展江、殷文译，新华出版社，2001。

〔美〕艾文斯、沃斯特：《裂变：新经济浪潮冲击下的企业战略》，刘宝旭等译，上海远东出版社、五洲传播出版社，2000。

〔英〕巴勒特：《媒介社会学》，赵伯英、孟春译，社会科学文献出版社，1989。

〔法〕鲍德里亚：《消费社会》，刘成富、全志钢译，南京大学出版社，2008。

〔美〕波特:《竞争论》,高登第、李明轩译,中信出版社,2003。

陈培一:《中国期刊广告实务研究》,中央文献出版社,2006。

〔法〕德波:《景观社会》,王昭凤译,南京大学出版社,2006。

〔法〕笛卡尔:《探求真理的指导原则》,管震湖译,商务印书馆,1991。

〔美〕杜威:《艺术即经验》,高建平译,商务印书馆,2005。

〔美〕杜威:《杜威三大演讲》,刘伯明口述、沈振东笔记,泰东图书馆,1920。

〔美〕菲德勒:《媒介形态变化:认识新媒介》,明安香译,华夏出版社,2000。

冯友兰:《中国哲学简史》,赵复三译,北京三联书店,2013。

〔美〕佛罗里达:《创意阶层的崛起》,司徒爱勤译,中信出版社,2010。

〔英〕弗里曼、〔葡〕卢桑:《光阴似箭——从工业革命到信息革命》,沈宏亮主译,中国人民大学出版社,2007。

〔美〕戈尔曼编《"新马克思主义"传记辞典》,赵培杰等译,重庆出版社,1990。

〔德〕哈贝马斯:《哈贝马斯文集第四卷交往行为理论》,曹卫东译,世纪出版集团、上海人民出版社,2004。

〔英〕哈耶克:《经济、科学与政治——哈耶克思想精粹》,冯克利译,江苏人民出版社,2000。

〔德〕海德格尔:《海德格尔选集》,孙周兴选编,上海三联书店,1996。

郝振省：《变局与转型在中国传媒大学讲传媒》，中国书籍出版社，2011。

〔美〕赫斯蒙德夫：《文化产业》，张菲娜译，中国人民大学出版社，2007。

何明星：《中国图书与期刊的世界影响力研究》，国家行政学院出版社，2013。

胡文臻：《“一带一路”与文化产业》，社会科学文献出版社，2016。

惠鸣：《文化强国理念与实践》，社会科学文献出版社，2013。

〔英〕吉登斯：《社会理论与现代社会学》，文军、赵勇译，社会科学文献出版社，2003。

金元浦主编《跨越世纪的文化变革：中国当代文化发展研究报告》，首都师范大学出版社，2001。

贾旭东：《文化发展的理论与政策 基于文化竞争的战略研究》，社会科学文献出版社，2013。

〔美〕杰姆逊：《后现代主义与文化理论》，唐小兵译，陕西师范大学出版社，1987。

〔德〕卡西尔：《人论》，甘阳译，上海译文出版社，2004。

〔英〕卡瑞、辛顿：《英国新闻史》，栾轶玫译，清华大学出版社，2005。

〔美〕卡斯特：《网络社会的崛起》，夏铸九、王志弘等译，社会科学文献出版社，2001。

〔德〕康德：《任何一种能够作为科学出现的未来形而上学导

论》，庞景仁译，商务印书馆，1978。

〔美〕考恩：《商业文化礼赞》，严忠志译，商务印书馆，2005。

〔美〕莱文森：《莱文森精粹》，何道宽编译，中国人民大学出版社，2007。

〔美〕莱文森：《数字麦克卢汉——信息化新纪元指南》，何道宽译，社会科学文献出版社，2001。

陆贵山：《文艺理论与文艺批评》，作家出版社，2010。

李景源主编《21 世纪的马克思主义哲学创新 马克思主义哲学中国化与中国化马克思主义哲学》，江苏人民出版社，2011。

李德顺等：《人的家园 新文化论》，黑龙江教育出版社，2013。

李河：《走向“解构论的解释学”》，社会科学文献出版社，2014。

李晓晔主编《新媒体时代》，中国发展出版社，2015。

李频主编《中国期刊产业发展报告. No. 1》，社会科学文献出版社，2005。

李频主编《中国期刊产业发展报告. No. 2》，社会科学文献出版社，2007。

〔英〕罗素：《西方哲学简史》，文利编译，陕西师范大学出版社，2010。

〔英〕洛克：《人类理解论》，关文云译，商务印书馆，1959。

〔德〕马克思：《1844 年经济学—哲学手稿》，刘丕坤译，人民出版社，1979。

马俊山：《走出现代文学的“神话”》，中国社会科学出版社，2002。

〔加〕麦克卢汉：《理解媒介——论人的延伸》，何道宽译，商务印书馆，2000。

〔英〕麦奎尔、〔瑞〕温德尔：《大众传播模式论》，祝建华、武伟译，上海译文出版社，1987。

〔法〕梅洛-庞蒂：《眼与心》，杨大春译，商务印书馆，2007。

〔英〕莫利：《电视、受众与文化研究》，史安斌主译，新华出版社，2005。

〔加〕莫斯可：《传播政治经济学》，胡正荣等译，华夏出版社，2000。

〔美〕佩蕾丝：《技术革命与金融资本：泡沫与黄金时代的动力学》，田方萌等译，中国人民大学出版社，2007。

祁述裕：《中国文化产业发展战略研究》，社会科学文献出版社，2008。

秦勇：《巴赫金躯体理论研究》，中国社会科学出版社，2009。

〔美〕约翰逊、普里杰特尔：《杂志产业》，王海主译，中国人民大学出版社，2006。

单世联编选《文化产业研究读本（西方卷）》，上海人民大学出版社，2011。

〔美〕桑塔格：《论摄影》，艾红华、毛建雄译，湖南美术出版社，1999。

沈国凡：《解读〈故事会〉：一本中国期刊的神话》，上海社会科学院出版社，2003。

〔荷〕斯密尔斯、斯海恩德尔：《抛弃版权：文化产业的未来》，刘金海译，知识产权出版社，2010。

宋应离主编《中国期刊发展史》，河南大学出版社，2000。

〔美〕Stacey King：《杂志创意设计经典》，任素珍等译，中国青年出版社，2003。

〔英〕泰勒、威利斯：《媒介研究：文本、机构与受众》，吴靖、黄佩译，北京大学出版社，2005。

唐亚明、王凌洁：《英国传媒体制》，南方日报出版社，2007。

〔美〕托夫勒：《权力的转移》，吴迎春等译，中信出版社，2006。

王卫平：《接受美学与中国现代文学》，吉林教育出版社，1994。

吴笛主编《外国文学作品与史料选（上册）》，浙江大学出版社，2012。

谢地坤：《走向精神科学之路——狄尔泰哲学思想研究》，江苏人民出版社，2008。

〔英〕休谟：《人类理解研究》，关文运译，商务印书馆，1972。

徐春莲、何海林：《英国期刊产业前沿报告：办最成功的杂志》，南方日报出版社，2007。

〔希〕亚里士多德：《尼各马可伦理学》，廖申白译，商务印书馆，2003。

〔希〕亚里士多德：《诗学》，天蓝译，新文艺出版社，1953。

叶纪彬：《艺术创作规律论》，东北师范大学出版社，1987。

余虹：《文学知识学》，北京大学出版社，2009。

张伯海：《期刊思考录》，天津人民出版社，1996。

章建刚：《文化经济学视野的搭建——通往经济学的文化政

策研究》，社会科学文献出版社，2014。

张晶：《中国古代多元一体的设计文化》，上海文化出版社，2007。

张觉明：《现代杂志编辑学》，中国书籍出版社，1987。

张晓明、王家新、章建刚：《中国文化产业发展报告（2014）》，社会科学文献出版社，2014。

张晓明、惠鸣：《全面构建现代文化市场体系》，社会科学文献出版社，2014。

Jean Baudrillard: *Symbolic Exchange and Death*, Translated by Iain Hamilton Grant, London: SAGE Pubilcations, 1993.

Cyndia Susan Clegg: *Press Censorship in Jacobean England*, Cambridge: Cambridge University Press, 2001.

J. William Click, Russell N. Baird: *Magazine Editing and Production*, Dubuque: Wm. C. Brown Company, 1986.

Benjamin M. Compaine, Douglas Gomery: *Who Owns the Media: Competition and Concentration in the Mass Media Industry.* Mahwah, N. J. : L. Erlbaum Associates, 2000.

J. T. W. Hubbard: *Magazine Editing: How to Acquire the Skills You Need to Win a Job and Succeed in the Magazine Business*, New Jersey: Prentice – Hall, Inc. , 1982.

Leonard Mogel: *The Magazine: Everything You Need to Know to Make It in the Magazine Business*, Pittsburgh: GATF Press, 1998.

MIMP: *Magazine Industry Market Place, the Directory of American*

Periodical Publishing. New York: R. R. Bowker Co., 1980 – 81.

Ping Shaw. Bettig, Ronald V., Advisor. *Demystifying Women's Magazines in Taiwan* [*Ph. D.*], The Pennsylvania State University. Ann Arbor, Mich.: UMI, 1997.

Joseph Turow: *Media Today: An Introduction to Mass Communication*. Boston: Houghton Mifflin, 1999.

致谢

我是个胆小的家伙，例如，当关系近的亲友故去，需要去祭奠什么的，我脑子里一掠过“死”这个概念，内心便充满了恐惧。此时，我一般会拼凑些图景来安慰自己：作为一个奇点爆炸与收缩的轮回，宇宙会死；作为一颗恒星的卫星，地球会死；作为地球上可能已存在过几轮的高等文明（有运行过的核反应堆遗址等为证）中最新的一轮，目前的人类文明会死——周围环境、物种的恶化与灭绝已露出端倪。风起于青蘋之末，你就是一粒沙，渺小呀！一粒沙有啥好怕的?!

这么想，好受了一些。于是，在生命中过去的某个时刻，我成了个好奇的家伙，开始在总体的无意义中，试图追寻些片段的小意义。例如，开始钦佩起休谟这种将“是”和“应该”做出明确区分的同类。再如，开始琢磨起为什么自己身处的中华文明，竟是四大古文明中唯一没有中断地发展到今天的文明？有时还隐隐感到，我们的文明中确实缺点儿东西，但那是什么呢？等等。

在翻阅书籍、面对屏幕的过程中，有时会忍俊不禁，有时会泪流满面，还会偶有心得，比如关于中华文明的问题，我就感觉咱这一轮高等文明主要源自三种人——农民、牧民和渔民；而中华文明早在隋唐时期，就通过少数民族（鲜卑）占据中央政权，内在地综合了农民和牧民的东西，这是其生命力强之所在；可直到今天，中华文明仍没机缘内在地综合渔民的东西——近代科学（意大利）和工业革命（英国）其实都是生发于渔民的东西，这是中华文明所缺，其实也可解释为什么日本能较顺利地发展近代科学和工业，因为他们也是渔民！

借着上述这类小好奇，我还成了个幸运的家伙。首先，我不断地得到启示。例如，在追寻中国当代期刊产业会向何处去时（本书就体现了相关思路和心得），我的两位博士后工作合作导师张晓明、章建刚，及李景源、陆贵山、李德顺、郝振省、谢地坤、吴尚民、金元浦、李河、陈静、贾旭东、李晓晔、赵培杰、胡文臻、惠鸣、意娜、王艳芳、祖春明、李志慧、王颖、孙茹茹、周洪滨、郝嘉杰、李曙光、江波、赵胄豪、邓泳红、桂芳、宋娜、闫京萌、何明星、黄丹麾、李瑞卿、田智辉、王慧玉、宋存洋、王莹莹、刘敏、郭宾、赵书虹、刘建华、高学武、张春霞、郭炜、李厚羿等师友，和中国社会科学院哲学所人事、科研、财务相关部门的领导、老师，还有其他很多我抱歉没能在此提及者，都给过我学术、生活上的启示。其次，我不断地得到搭救。那些在困难时给我温暖援手的，此刻，我把手贴在胸口上默念了你们的名字。再次，我不断地得到爱。那些爱我的和我爱的，我会在散步时向天空、树木和大地呼唤你们的名字，然后细心听那些令星座倾斜的回响……

因为你们的启示、你们的搭救、你们的爱，虽是一粒沙，但我灵魂中仍多了些勇气，多了些好奇，也多了些光亮。此刻，请容许我在灵魂深处与你们一一紧紧拥抱，以庆祝我们在尘世间、思想上的相遇和相伴！

窗外，地铁站和高楼构成的天际线上，已露出了晨曦；左起第五棵大杨树上的喜鹊一家，又开始啼叫了；一切寂静又嘹亮，这，也许就是新生。

图书在版编目（CIP）数据

纸刊至电刊的中国探求 / 宋革新著. -- 北京：社会科学文献出版社，2017.1

ISBN 978-7-5201-0218-6

Ⅰ.①纸… Ⅱ.①宋… Ⅲ.①期刊-产业发展-研究-中国 Ⅳ.①G239.2

中国版本图书馆 CIP 数据核字（2017）第 005588 号

纸刊至电刊的中国探求

著　　者 / 宋革新

出 版 人 / 谢寿光
项目统筹 / 桂　芳
责任编辑 / 桂　芳

出　　版 / 社会科学文献出版社 · 皮书出版分社（010）59367127
地址：北京市北三环中路甲 29 号院华龙大厦　邮编：100029
网址：www.ssap.com.cn
发　　行 / 市场营销中心（010）59367081　59367018
印　　装 / 三河市尚艺印装有限公司

规　　格 / 开　本：787mm × 1092mm　1/16
印　张：14.75　字　数：158 千字
版　　次 / 2017 年 1 月第 1 版　2017 年 1 月第 1 次印刷
书　　号 / ISBN 978-7-5201-0218-6
定　　价 / 79.00 元